Sek Choo Tan
Zunarni Kosim
Lip Sam Thi

O mercado hipotecário dos consumidores: Uma história de confusão para os consumidores?

Sek Choo Tan
Zunarni Kosim
Lip Sam Thi

O mercado hipotecário dos consumidores: Uma história de confusão para os consumidores?

ScienciaScripts

Imprint

Cover image: www.ingimage.com

This book is a translation from the original published under ISBN 978-3-659-86974-7.

Publisher:
Sciencia Scripts
is a trademark of
Dodo Books Indian Ocean Ltd. and OmniScriptum S.R.L publishing group

120 High Road, East Finchley, London, N2 9ED, United Kingdom
Str. Armeneasca 28/1, office 1, Chisinau MD-2012, Republic of Moldova, Europe
Managing Directors: Ieva Konstantinova, Victoria Ursu
info@omniscriptum.com

Printed at: see last page
ISBN: 978-620-8-54516-1

ÍNDICE DE CONTEÚDOS:

RESUMO.

O crédito hipotecário é um assunto complexo que o consumidor médio pode não ser capaz de compreender. A escolha de um empréstimo hipotecário é uma decisão importante para um agregado familiar médio, uma vez que se trata de um compromisso a longo prazo e de um empreendimento dispendioso. O estudo tem por objetivo investigar os factores que afectam a escolha do empréstimo hipotecário pelos consumidores na Malásia. Pretende-se também averiguar se os consumidores estão bem protegidos pela regulamentação atual. Para atingir os objectivos, foram recolhidos dados primários através de questionários, distribuídos aos consumidores que contraíram um empréstimo hipotecário para habitação entre 2007 e 2011. Os resultados indicaram que os consumidores consideram a taxa de juro como o fator mais importante utilizado na comparação de vários pacotes de empréstimos hipotecários. Apesar da importância de obter a taxa de juro mais baixa possível (ou taxa de lucro no financiamento islâmico), os outros factores determinantes na obtenção de um empréstimo hipotecário são a duração do empréstimo, a capacidade de pagar as prestações mensais e a margem do empréstimo. A confusão dos consumidores está particularmente relacionada com o nível da taxa de juro. Os promotores imobiliários parecem ser a fonte mais importante na qual os consumidores procuram informações relativas à escolha do crédito hipotecário. As conclusões revelaram também que a divulgação de informações aos consumidores é correta, tal como exigido pelo Bank Negara Malaysia.

Palavras-chave: escolha do crédito hipotecário, proteção do consumidor, regulamentação do crédito hipotecário, divulgação de informações.

CAPÍTULO 1

1.0 Introdução

Em termos simples, hipoteca significa "penhorar". Na prática bancária, uma hipoteca implica a transferência de uma propriedade para o banco (o mutuante) por parte do mutuário do empréstimo, como garantia de que o mutuário pagará ao mutuante de acordo com o contrato, sem o que o banco (o mutuante) tem o direito de tomar posse da propriedade hipotecada. Neste contexto de investigação, a hipoteca é referida como o empréstimo à habitação que, na prática, envolve a transferência de propriedade para o mutuante em troca de o consumidor obter fundos para pagar a casa que comprou.

A habitação é uma necessidade básica do ser humano e é considerada como o investimento mais importante em activos tangíveis que qualquer pessoa pode fazer. Por conseguinte, a habitação é uma aquisição importante que exige um compromisso financeiro a longo prazo. Os preços médios das casas variam normalmente entre quatro vezes o rendimento anual nos países desenvolvidos e oito vezes o rendimento anual nos países emergentes (Ball, 2003). A construção ou compra de uma casa consome uma grande quantidade de capital, pelo que alguns consumidores ou agregados familiares autofinanciam a casa e aqueles que não conseguem autofinanciar a compra procuram fontes externas de financiamento. Esta decisão afectará os seus padrões globais de despesa (Chambers, Garriga, & Schlagenhauf, 2008).

Com base no Relatório de Estabilidade Financeira do Bank Negara Malaysia (2011), o endividamento das famílias tornou-se uma questão importante e está a ser discutido recentemente a nível nacional. A principal componente da dívida das famílias é constituída pelo financiamento de imóveis residenciais e de veículos automóveis, que representam 64% das dívidas pendentes das famílias. Fazendo uma comparação entre estes dois financiamentos, o financiamento de propriedades residenciais continuou a ser o principal motor do crescimento da dívida das famílias, que registou uma percentagem total de 45% do total das dívidas das famílias (Setor das Famílias: Dívidas por Composição) e uma percentagem total de 26% do total da dívida no sistema bancário (Sistema Bancário: Financing to Households as Percentage of Total Banking System Loans). O crédito à habitação indica igualmente uma tendência crescente de 11% numa base anual ao longo dos últimos três anos, à medida que mais indivíduos se tornam financeiramente qualificados para contrair empréstimos para a aquisição de habitação. A maior parte dos empréstimos foi concedida para a aquisição de imóveis residenciais de valor superior a 250 000,00 RM.

O facto de o crédito à habitação representar 45% da dívida total das famílias implica que a compra de casa é a decisão mais dispendiosa e arriscada que qualquer família pode tomar. Além disso, tornou-se uma das maiores transacções de crédito em que um indivíduo é suscetível de participar. De acordo com Chambers, *et.al.* (2008), ao oferecer uma série de produtos hipotecários disponíveis, a escolha da hipoteca pode ser um problema complexo para os potenciais compradores de casa. Os investigadores sugeriram que os compradores devem ter em conta muitas dimensões, como a entrada, a maturidade do contrato, a estrutura de reembolso e a possibilidade de refinanciar a hipoteca, bem como o impacto das alterações das taxas de juro e dos preços da habitação, antes de seleccionarem finalmente os fornecedores de crédito à habitação.

Na Malásia, a complexidade do mercado hipotecário é agravada pelo facto de as instituições financeiras, nomeadamente os bancos convencionais, oferecerem pacotes de empréstimos hipotecários através de uma abordagem islâmica e convencional. Ambas têm algumas semelhanças e diferenças. A semelhança entre os dois tipos de financiamento reside no prazo de financiamento, tendo sido identificadas algumas diferenças significativas, nomeadamente no que respeita à aplicação dos princípios da Syariah como conceito subjacente aos pacotes de empréstimos hipotecários islâmicos. Por exemplo, o Bai' Bithaman Ajil (venda com pagamento diferido) tem sido amplamente aplicado pelas instituições financeiras islâmicas na Malásia. Outro fator significativo

A diferença reside no preço aplicado aos produtos/serviços financeiros islâmicos. A margem de lucro é o termo correto para designar o "preço" dos produtos/serviços financeiros islâmicos, uma vez que a utilização da taxa de juro ou "riba" é totalmente proibida e, em todas as transacções financeiras islâmicas, deve também estar isenta de outros elementos como o "gharar".

No entanto, Doms e Krainer (2007) referiram que, apesar destas complexidades, uma série de pacotes hipotecários beneficiou efetivamente tanto os bancos como os consumidores. Do ponto de vista dos bancos, as alterações dos produtos são um instrumento importante para combater a concorrência, ao passo que, para os consumidores, o crédito hipotecário "inovador" beneficiará estes últimos, nomeadamente através da redução da entrada, do aumento da flexibilidade dos planos de reembolso e da redução dos custos. Por mercado hipotecário inovador entende-se o mercado hipotecário que foi objeto de mudanças drásticas ao longo do último meio século.

A tecnologia foi identificada como um fator determinante destas mudanças. A adoção de tecnologia no sector hipotecário incentivou a inovação do mercado hipotecário e uma das inovações está significativamente relacionada com os instrumentos do mercado hipotecário.

Além disso, Doms e Krainer (2007) sublinharam que, embora o crédito hipotecário tradicional de taxa fixa a 30 anos continue a ser um instrumento popular, no início da década de 2000, os instrumentos não tradicionais ganharam quota de mercado. Os instrumentos menos tradicionais variam em termos de taxa de juro cobrada, prazos, amortização e plano de pagamentos.

O esforço dos bancos é considerado um êxito, uma vez que demonstrou um enorme crescimento do mercado hipotecário na Malásia nos últimos 5 anos. O financiamento hipotecário registou um crescimento médio anual forte e sustentado de mais de 9%. O crédito hipotecário constitui uma percentagem significativa de 27% do total de empréstimos do sector (Relatório sobre a Estabilidade Financeira, 2011). O rápido crescimento do mercado hipotecário tem sido apoiado pelo governo através de várias campanhas de promoção da aquisição de casa própria e do investimento.

O debate que se segue aborda as caraterísticas dos produtos de financiamento hipotecário.

1.1 Caraterísticas da hipoteca

Os consumidores de crédito hipotecário na Malásia dispõem de muitas fontes diferentes de financiamento. Por conseguinte, os fornecedores de financiamento, especialmente os bancos, enfrentam uma forte concorrência. Consequentemente, os pacotes de crédito hipotecário oferecidos têm de ser atractivos e comercializáveis para os vários segmentos de consumidores. As informações que se seguem fornecem uma breve descrição das caraterísticas dos pacotes de empréstimos à habitação na Malásia.

1.2 Tipos de empréstimos hipotecários

Na Malásia, os consumidores têm basicamente três opções de pacotes de habitação para escolher, tanto no financiamento convencional como no islâmico, e estas opções de pacotes dependem de quem são os seus fornecedores financeiros.

Os três pacotes de habitação atualmente disponíveis são o empréstimo a prazo, o descoberto/cashline e a combinação de empréstimo a prazo e descoberto/cashline. As facilidades de empréstimo a prazo são oferecidas por quase todos os prestadores de serviços financeiros, mas as facilidades de descoberto/cashline e de combinação só podem ser oferecidas por prestadores de serviços financeiros que ofereçam simultaneamente produtos de conta corrente aos seus consumidores, como os bancos comerciais e os bancos islâmicos.

Entre todos os pacotes de habitação, o empréstimo a prazo é o mais popular e amplamente oferecido no mercado hipotecário. O empréstimo a prazo refere-se a um pacote de habitação cujas prestações são fixadas por um período de tempo. O cálculo do reembolso baseia-se em factores de posse que foram determinados no contrato de financiamento hipotecário. Tanto a duração do empréstimo como a prestação mensal têm uma relação negativa. Se a duração do empréstimo for mais longa, a prestação mensal será mais baixa. Além disso, o montante da prestação consiste no capital do empréstimo e no montante dos juros. Na Malásia, o período médio de reembolso do financiamento hipotecário fornecido pelos prestadores de serviços financeiros varia entre um mínimo de 5 anos e um máximo de 30 anos (http://www.bankinginfo.com.my). No entanto, alguns bancos, como o CIMB Bank e o Maybank, oferecem pacotes de financiamento hipotecário até 40 anos ou até os mutuários atingirem 65 ou 70 anos de idade. Além disso, o empréstimo a prazo é mais adequado para os mutuários que auferem um rendimento mensal fixo.

No entanto, este tipo de crédito hipotecário não se limita aos mutuários que auferem um rendimento variável, que têm a sua própria empresa ou que são trabalhadores independentes. De facto, este grupo de mutuários tem outras opções de pacotes de habitação. Atualmente, os prestadores de serviços financeiros têm vindo a considerar este grupo de mutuários como o seu novo nicho de mercado. Assim, a maioria dos bancos comerciais e dos bancos islâmicos concebeu produtos com uma combinação de caraterísticas como o descoberto e o empréstimo a prazo ou a facilidade de descoberto total (normalmente com uma margem de financiamento inferior a 50%) para uma utilização e um reembolso flexíveis. Além disso, estes tipos de pacotes oferecem outras vantagens aos bancos e aos consumidores.

Do lado dos bancos, no caso dos mutuários que têm um saldo de crédito substancial na sua conta corrente, o saldo de crédito compensará automaticamente o montante do descoberto/linha de crédito e esta transação reduzirá automaticamente a exposição total dos bancos ao crédito à habitação. Por outro lado, do lado dos mutuários, esta transação poupará os juros cobrados sobre o seu descoberto/linha de crédito. Por exemplo, o Alliance Bank tinha oferecido uma facilidade de descoberto para o empréstimo a prazo do financiamento hipotecário com uma parte do descoberto inferior a 50 % da margem total do financiamento hipotecário.

1.3 Tipos de pacotes de financiamento

1.3.1 Financiamento hipotecário islâmico versus convencional

A procura de financiamento hipotecário islâmico registou uma tendência crescente aquando da criação do primeiro banco islâmico na Malásia, nomeadamente o Bank Islam. A fim de satisfazer a enorme procura de financiamento hipotecário islâmico, bancos convencionais como o Maybank, o CIMB. O Public Bank e outros bancos comerciais também estão a oferecer financiamento hipotecário islâmico. Inicialmente, os bancos convencionais ofereciam os seus produtos financeiros islâmicos através do "sistema de janelas", mas atualmente os bancos convencionais passaram por um processo de reestruturação e operam sob a forma de grupos financeiros. No âmbito destes grupos, foram criadas filiais de bancos islâmicos responsáveis pela oferta de produtos financeiros islâmicos, que têm entidades separadas dos bancos convencionais.

A banca islâmica é diferente da banca convencional, uma vez que cumpre a lei shariah e se orienta pela economia islâmica. Além disso, a banca islâmica proíbe a riba' (cobrança e pagamento de juros), a usura, o comércio de riscos financeiros e as actividades comerciais ilegais (haram). No que respeita ao financiamento hipotecário, a maior parte dos prestadores de serviços hipotecários islâmicos baseados na Malásia adopta o Bai' Bithaman Ajil (pagamento diferido) como conceito de produto da shariah. No entanto, os prestadores de serviços hipotecários islâmicos sediados no estrangeiro, como o OCBC Al-Amin, oferecem financiamento hipotecário com base noutros conceitos da shariah, como o Musharakah Mutanaqisah (parceria decrescente) e o Ijarah Muntahiah bi Al-Tamlik ((locação financeira que termina com a propriedade) www.ocbc.com.my).

1.4 Tipos de taxas de financiamento hipotecário

Basicamente, os tipos mais comuns de juros hipotecários em países asiáticos selecionados, como a República da China. Japão. Coreia, Malásia e outros são as hipotecas de taxa variável (ARM) e as hipotecas de taxa fixa (FRM) (Ong, 2005). No entanto, estão também a ser adoptados outros tipos de juros, nomeadamente os relacionados com as hipotecas de reembolso escalonado. Os tipos mais comuns de financiamento hipotecário na Malásia são:

1.4.1 Hipoteca de taxa fixa (FRMs)

Os FRM são empréstimos hipotecários com uma taxa contratual fixa e um pagamento mensal fixo, pelo que a amortização do empréstimo será maior quando este se aproximar da data de vencimento. Este tipo de regime de juros é preferido pelos consumidores de crédito hipotecário, mas não é preferido pelos prestadores de crédito hipotecário devido a problemas de risco de liquidez. Na Malásia, um exemplo deste tipo de regime de juros é o oferecido pelo Departamento de Empréstimos à Habitação do Tesouro a uma taxa fixa de 4% ao ano. Recentemente, companhias de seguros como a American International Assurance Berhad (AIA) e a ING Insurance Berhad (ING) entraram em cena, oferecendo hipotecas a taxa fixa competitivas.

Dois exemplos de pacotes de hipotecas de taxa fixa oferecidos:

Loan provider	Package	Interest rate	Tenure/Term
AIA	Non Zero Moving Cost	4.85% p.a	Up to 40 years or age 65 whichever is earlier.
	Zero Moving Cost	5.25% p.a	
ING	Non-Zero Entry Cost	4.8% p.a	Minimum 5 years
	Zero Entry Cost	5.20% p.a	Maximum 30 years (or age 65 whichever is earlier)

(informações obtidas em 1/10/2012)

A satisfação das necessidades e desejos dos consumidores é importante, pelo que alguns prestadores de empréstimos hipotecários estão a oferecer uma nova fixação da taxa fixa. A reavaliação da taxa fixa está a ser implementada quando mutuários semelhantes, que inicialmente beneficiavam de uma taxa fixa durante um número fixo de anos, recebem mais tarde uma nova taxa para a duração restante do empréstimo até à data de vencimento do mesmo.

A nova taxa hipotecária será reavaliada numa base de taxa variável (indexada à taxa BLR ou KLIBOR) ou a uma taxa fixa que será determinada no final do período relevante (Thillainathan, 1999). Os exemplos de reavaliação da taxa de juro são os seguintes:

Loan Proviver	Financing years	Financing interest rate
Maybank Home Equity-i	First 1-3 years First 1-5 years First 1-10 years	4.50%: BFR – 1.80% Thereafter 5.00%: BFR – 1.80% Thereafter 5.85%: BFR – 1.80% Thereafter BFR as at 1/10/12 is 6.60%
Maybank MaxiHome Loan	First 1-3 years First 1-5 years	4.80%: BLR – 2.20% Thereafter 5.30%: BLR – 2.20% Thereafter BLR as at 1/10/12 is 6.60%

Fonte: www.maybank2u.com.my (informações em 1/10/2012)

1.4.2 Hipoteca de taxa variável (VRM)/hipoteca de taxa ajustável (ARM)

Os VRMs ou ARMs são outro regime de empréstimo hipotecário em que a taxa do contrato será ajustada periodicamente para refletir a taxa de juro em vigor. A taxa de juro prevalecente consiste no spread cobrado pelos bancos, que está indexado a uma taxa de referência (ou seja, BLR ou KLIBOR). Na prática da Malásia, o diferencial será de mais ou menos da taxa de juro de referência (BLR-/BLR +). Em determinadas circunstâncias, pode resultar numa variabilidade do pagamento mensal. Se esta variabilidade não for corretamente ajustada, a data de vencimento do empréstimo hipotecário pode ser prolongada (Rose, 1997). Um exemplo do MRA é o pacote de empréstimos oferecido pelo Public Bank Berhad

Package	**Financing Package**
Package: 5 Home Plan Interest Rate: BLR-2.2% (current BLR is 6.6%) Tenure: Up to 40 years	1. **Equal monthly instalment package** Fixed monthly instalments that allow you to plan and manage your finances better, with the financial flexibility of an overdraft facility. 2. **Fixed monthly instalments package** An Islamic loan plan that lets you enjoy fixed profit rates that are not subject to fluctuating BLR. 3. **Graduated payments package** A lower initial installment that increases gradually in tandem with your income. 4. **HomeSave Package**
	The package links your housing loan to your current account whereby the credit balance in your current account will be used to reduce the housing loan balance outstanding for interest calculation, thus resulting in interest savings.

Fonte: www.pbebank.com.my (atualizado a 1/10/2012)

Nos Estados Unidos, os empréstimos hipotecários de taxa variável ("ARM") foram propostos pela primeira vez pelo Federal Home Loan Bank Board na década de 1970. A sua utilização generalizou-se no início da década de 1980. Atualmente, cerca de 25 a 30 por cento de todas as hipotecas residenciais são hipotecas de taxa variável ("ARM"). As práticas de ajustamento dos ARM do sector bancário hipotecário têm sido severamente criticadas devido a erros generalizados. Relatórios publicados a partir de 1990 indicam que 25 a 50 por cento de todos os ARM podem ter sido ajustados incorretamente pelo menos uma vez. O padrão dos ajustamentos incorrectos não é aleatório. Cerca de dois terços das incorrecções favoreceram a empresa de crédito hipotecário. (Eskridge, 1984)

1.4.3 Hipoteca de pagamento escalonado e hipoteca ajustada ao nível de preços

Trata-se de um regime hipotecário em que o pagamento aumenta a uma taxa pré-especificada ao longo da duração do empréstimo. (Kau & C.Keenan, 1995)

1.4.4 Hipoteca só com juros (opção)

Trata-se de uma opção associada a um financiamento hipotecário que permite ao mutuário pagar apenas juros durante um determinado período de tempo. (Guttentag, 2010).

1.4.5 Hipoteca bissemanal

Trata-se de um tipo de financiamento hipotecário em que metade do pagamento mensal é efectuado de duas em duas semanas. (Guttentag, 2010). Trata-se de um pagamento suplementar que amortiza o empréstimo antes do seu termo.

1.5. Fontes de financiamento de empréstimos na Malásia

Existem várias fontes de financiamento da habitação nos mercados financeiros. No entanto, o financiamento da casa pelos bancos é a fonte mais popular e fiável procurada pelos compradores de casa. Além disso, os bancos estão a oferecer agressivamente o financiamento à habitação, uma vez que este é considerado um financiamento garantido e, ao mesmo tempo, os bancos podem securitizar o empréstimo com os agentes nomeados, o que irá liquidar o capital do banco.

Outras fontes de financiamento à habitação são as instituições financeiras não bancárias, como os empréstimos do Tesouro (empréstimos do Estado), a Malaysia Building Society Berhad (MBSB) e, mais recentemente, as companhias de seguros, como a AIA e a ING.

O Fundo de Previdência dos Empregados (EPF) pode ser considerado como uma fonte de financiamento da habitação que permite aos membros retirar a sua quota-parte de contribuição para comprar casas e/ou reduzir os seus empréstimos à habitação pendentes.

A Cagamas é uma sociedade hipotecária nacional que promove, em grande medida, a liquidez das hipotecas secundárias. Não está envolvida na concessão de empréstimos, mas apenas no refinanciamento ou na compra de empréstimos convencionais à habitação originados por instituições financeiras e empresas selecionadas. Os empréstimos vendidos à Cagamas não estão fora do balanço. O governo também emite créditos de empréstimos à habitação através da Cagamas para desenvolver o mercado de títulos garantidos por activos (Global Financial Stability Report, 2010).

O quadro seguinte mostra o objetivo, a taxa de empréstimo, a percentagem de empréstimos à habitação e os empréstimos à habitação aprovados por várias instituições de crédito à habitação na Malásia.

Instituições de crédito à habitação

Name of Institution	Objective	Lending rate for new housing loan		Housing loan outstanding		Housing loan Share(%)		Housing loan approved	
		2010	2011	2010 (RM Million)	2011 (RM Million)	2010	2011	2010 (RM Million)	2011 (RM Million)
Commercial Banks (Include Islamic Banks)		4	4.24	226,963	255.849	85.3	85.4	80.327	88.666
Treasury housing loan Divisions	Provide housing loan to government employee	4	4	26.007	31.207	9.8	10.4	6.254	6.796
Banks Kerjasama Rakyat	A co-operative society which collects deposits and provides banking facilities according to Syariah principles	6.8	7	3.837	3,382	1.4	1.1	402	487
Malaysian Building Society	To be a consumer driven fi nancial institution offering property lending and deposit taking activities leading to wealth management creation for its valued customers	7.04 ~ 7.08	7.29 ~ 7.31	5.354	5,160	2.0	1.7	396	512
Borneo Housing Mortgage Berhad	To provide housing loans mainly to Sabah and Sarawak State	6.75~ 8.25	6.75 ~ 8.25	682	652	0.3	0.2	37	52
	Government employees								

Bank Simpanan Nasional	To promote and mobilise savings particularly from small savers and to inculcate the habit of thrift and savings	4.2	4.5	3,132	3,299	1.2	1.1	900	1,042
Sabah Credit Corporation	To uplift the social economic development of Malaysians in Sabah through the provision of easy acces to financial credit	3.0 ~ 7.5	3.0 ~ 7.5	141	0	0.1		3	0
Total				**266,116**	**299,549**			**88,319**	**97,556**

Fonte: Bank Negara Malaysia e várias instituições de crédito à habitação

CAPÍTULO 2

2.0 Revisão da literatura

2.1. Confusão dos consumidores

De acordo com Eskridge (1984), a dinâmica da transação hipotecária e a tomada de decisões por parte dos consumidores sugerem que os compradores de habitação que procuram empréstimos hipotecários se encontram numa posição muito vulnerável. De facto, um comprador de habitação típico não tem grandes conhecimentos sobre os assuntos, como o mercado de habitação e os serviços de liquidação. Assim, tendem a recorrer a intermediários mais sofisticados (promotores imobiliários, corretores de imóveis ou mutuantes), que estão mais interessados em fechar transacções do que em obter o melhor negócio para o comprador de habitação.

O financiamento hipotecário ou o empréstimo hipotecário é um produto muito complicado, especialmente para o grupo de consumidores que foram classificados como consumidores médios. É possível que não consigam compreender totalmente o carácter técnico dos termos e condições que acompanham um pacote de produtos hipotecários. Terminologias como "flexi-loan", "term loan", "daily rest", "monthly rest", "pre-payment", "partial pre-payment", "bi-weekly mortgage" e outros termos são suficientes para deixar o consumidor confuso ao tentar descobrir o melhor tipo de empréstimo que deve escolher. Para atenuar a sua confusão, os consumidores estão dispostos a procurar a ajuda de uma entidade que considerem fiável e imparcial na prestação de aconselhamento sobre empréstimos.

Ao fazer uma comparação entre as condições do crédito à habitação, o preço parece ser um fator crucial. Woodward e Hall (2010) afirmaram que os consumidores compram muitas vezes com informação incompleta sobre os preços; não obstante, os preços têm um carácter de "pegar ou largar". Basicamente, a fixação de preços no mercado hipotecário abrange duas dimensões, nomeadamente a taxa de juro do empréstimo e os pagamentos iniciais em numerário ao corretor ou a outros originadores. Além disso, Lee e Hogarth (1999) afirmam que muitos consumidores estão confusos quanto ao preço de um empréstimo hipotecário à habitação, medido pela diferença entre a taxa de juro contratual e a taxa anual efectiva global (TAEG). Para além , os termos utilizados nos produtos de crédito fechados podem ser mais complicados do que os utilizados nos produtos de crédito abertos, como os cartões de crédito. Por conseguinte, a tarefa do comprador é ainda mais difícil no momento de decidir as opções de empréstimo.

Uma outra questão relacionada com o consumidor de crédito hipotecário é a assimetria de informação no mercado hipotecário. Esta questão é profunda, uma vez que os mutuários se envolvem em transacções hipotecárias num número limitado de vezes na sua vida, mas estão a lidar com originadores de hipotecas profissionais que estão bem informados sobre os preços em vigor e outros aspectos inerentes aos mercados hipotecários. Na realidade, esta questão tem a ver com a forma como os consumidores pouco informados interagem com profissionais competentes e bem informados.

A confusão também decorreu da falta de literacia financeira em todo o sector dos serviços financeiros de retalho. Esta questão é muito relevante no mercado hipotecário devido à escala e à duração do compromisso assumido pelos mutuários. Miles (2004) concordou com o facto de existirem indícios de uma visão de curto prazo e de uma falta de compreensão por parte dos consumidores dos riscos inerentes aos diferentes produtos hipotecários.

No caso da Malásia, Yap (2003) concordou que "os bancos e as sociedades financeiras são bem regulamentados pelo Banco Central através da BAFIA (Lei das Instituições Bancárias e Financeiras), mas os interesses dos consumidores não são protegidos. Juntamente com o facto de as várias taxas de juro impostas se basearem em diferentes métodos de cálculo, não é de admirar que haja muita confusão e infelicidade entre os consumidores quando decidem a sua escolha de financiamento hipotecário.

2.2. Critérios de seleção:

Anteriormente, a maioria dos consumidores de crédito hipotecário tomava em consideração vários aspectos das condições e caraterísticas do financiamento hipotecário, como a taxa de juro, o tipo de empréstimo (taxa fixa ou variável) e as comissões a pagar (Lee & Hogarth, 2000). Além disso, Miles (2004) identificou um fator-chave que afecta os mutuários na determinação das suas opções de empréstimo: a prestação mensal.

Um estudo de Ojo e Igalo (2008) realizado no sudoeste da Nigéria mostrou que, por ordem de classificação, os três factores mais significativos que afectam a escolha do empréstimo por parte do mutuário são a taxa de juro, o rendimento do mutuário e o título de propriedade (garantia).

Foram efectuados muitos estudos para investigar os critérios utilizados pelos consumidores para escolherem os seus produtos ou fornecedores de serviços financeiros. No entanto, o número de estudos efectuados para identificar os critérios utilizados pelos consumidores na escolha dos seus empréstimos à habitação é limitado. Devlin (2002) concluiu que, no Reino Unido, a primeira prioridade dos consumidores na escolha das instituições de crédito à habitação é o aconselhamento profissional, seguido de perto pela taxa de juro. Além disso, as suas escolhas baseiam-se também em factores demográficos, como o sexo, a classe social, o rendimento do agregado familiar, o nível de instrução, a etnia e a maturidade financeira.

Num estudo realizado por Ong (2005) sobre os mercados hipotecários em países asiáticos selecionados, verificou-se que os seguintes factores são predominantes nas escolhas de hipotecas, nomeadamente Hipotecas de taxa ajustável (ARM) e hipotecas de taxa fixa (FRM); o rácio empréstimo/valor (LVR) máximo varia entre 70% e 80%; e a duração do empréstimo varia entre 20 e 30 anos. Além disso, a Malásia e a Indonésia também oferecem pacotes de hipotecas islâmicas que seguem os princípios bancários islâmicos.

Chambers *et. al* (2008) abordaram duas caraterísticas principais dos pacotes de empréstimos hipotecários que foram desenvolvidos a partir da inovação dos empréstimos hipotecários: o contrato de hipoteca de taxa ajustável (ARM) e o contrato de empréstimo combinado (CL). Verificaram que ambos os tipos de contratos de empréstimo são preferidos pelos proprietários mais jovens, o que, por sua vez, resultou num aumento da sua propriedade no mercado hipotecário.

2.3. Fontes de informação:

Ariely (2000) opinou que o consumidor utiliza a informação fornecida pelos profissionais de marketing como base para a sua tomada de decisão. Assim, é importante que os profissionais de marketing seleccionem canais capazes de fornecer a informação mais adequada aos consumidores. Os elementos mais interessantes e distintivos das escolhas dos sistemas de informação são o nível de controlo que o consumidor tem sobre esse sistema.

Nos Estados Unidos, embora as informações relacionadas com os empréstimos hipotecários estejam totalmente disponíveis, tal como exigido pela TILA (Truth in Lending Act 1968) e pela RESPA (Real Estate Settlement Procedures Act 1974), vários investigadores salientaram que os consumidores não compreendem frequentemente as informações divulgadas no mercado dos empréstimos hipotecários (Lee & Hogarth, 1999; Chang & Hanna. 1992; Thakor, Beltz & Barefoot, 1993).

Esta falta de compreensão resulta da complexidade da informação financeira divulgada, bem como da proliferação de opções de produtos disponíveis (Kimball, Frisch & Gregor, 1997). Por exemplo, muitas instituições de crédito hipotecário oferecem uma grande variedade de produtos hipotecários, incluindo taxas fixas ou variáveis ou um híbrido das duas, prazos de vencimento variáveis e diferentes combinações de taxas e pontos. Devido ao facto de os pormenores das transacções poderem diferir substancialmente, a informação divulgada nem sempre permite comparações significativas. A linguagem utilizada pelo mutuante é também difícil de compreender para muitos consumidores (Chang & Hanna, 1992). Apenas um pequeno número de pessoas compreende a TAEG (Lee & Hogarth, 1999).

Um inquérito patrocinado pela Mortgage Bankers Association of America (MBA), em 1999, indicou que os inquiridos citaram esmagadoramente a utilização do telefone como a sua fonte preferida para obter informações sobre hipotecas; o contacto pessoal foi o segundo método mais citado (Duncan, 1999). O inquérito revela igualmente que os amigos e os familiares são a fonte de informação mais frequentemente citada, seguida da publicidade e dos profissionais do sector imobiliário. A opinião dos financiadores também foi citada como fonte de informação. O estudo da MBA também perguntou aos consumidores quais os termos e condições que comparavam para decidir a sua escolha de empréstimo. Os resultados revelam que quatro quintos dos inquiridos pesquisaram as "taxas de juro" (Duncan salienta que não disseram "TAEG"), 23% perguntaram sobre as comissões, 8% sobre o tipo de empréstimo e o plano de pagamentos e 3% sobre os requisitos em matéria de documentação. Metade dos inquiridos contactou três ou mais instituições de crédito, enquanto "menos de 30% contactou apenas uma instituição de crédito". Metade dos inquiridos contactou corretores de crédito hipotecário e um terço contactou mutuantes de crédito hipotecário. Além disso, Duncan (1999) indica que houve uma grande confusão por parte dos inquiridos.

Lee & Hogarth (2000) concluíram que os mutuários obtinham informações de duas fontes principais, nomeadamente os mutuantes (especificamente bancos, poupanças e empréstimos e cooperativas de crédito) e os profissionais do sector imobiliário.

2.4. Serviço pós-venda

O serviço pós-venda aos clientes é uma questão importante. No entanto, não foram muitos os estudos que examinaram esta questão, apesar de ter sido devidamente oferecida aos consumidores financeiros. De acordo com Asugman, Johnson e McCullough (1997), o serviço pós-venda é uma forma que os profissionais de marketing encontraram para melhorar a perceção dos consumidores em relação à qualidade dos seus produtos. De facto, há alguns casos que sustentam que os consumidores desvalorizam frequentemente um produto de alta qualidade devido ao mau serviço prestado pelos clientes e às queixas não resolvidas dos consumidores após a compra. Alguns exemplos de serviços pós-venda oferecidos aos mutuários de crédito hipotecário incluem a notificação de quaisquer alterações nos termos e condições do contrato de crédito hipotecário, taxas ou encargos e encargos na taxa de juro, fornecimento de extractos semestrais ou anuais do empréstimo à habitação, acesso fácil a instalações bancárias como ATM, EFTPOS ou agência para pagamento do empréstimo (Dulare, 2011). Os bancos devem notificar todos os mutuários das alterações aos termos e condições do contrato existente, das comissões, dos encargos e da taxa de juro através de qualquer meio de comunicação. Por exemplo, qualquer alteração da taxa de juro de base do banco será normalmente notificada pelos bancos através de um jornal ou do sítio Web do banco, uma vez que esta alteração afecta os mutuários em geral. No entanto, qualquer alteração que afecte um mutuário individual será informada através do envio de avisos a esse indivíduo. Alguns mutuários podem ignorar esta informação. Assim, o extrato de conta do empréstimo à habitação tornar-se-á a fonte de referência mais importante, uma vez que é suposto compilar todas as informações mais recentes.

De acordo com Dulare (2011), todos os mutuários de empréstimos hipotecários têm o direito de receber regularmente um extrato de conta do empréstimo à habitação. No entanto, não existe um formato normalizado para o extrato de conta de um empréstimo, uma vez que este varia consoante os diferentes tipos de plataforma de sistema utilizados pelo banco. Consequentemente, os diferentes bancos produzem formatos diferentes e indicam informações diferentes sobre o empréstimo. Os mutuários devem receber um extrato de conta do empréstimo sem erros, informações enganosas ou ambíguas. Por conseguinte, é importante que os prestadores de empréstimos hipotecários actualizem regularmente o estado do empréstimo aos consumidores. O Utusan Konsumer (janeiro-fevereiro de 2009), intitulado *"Never Ending Loan Repayments: problems with loans and statements" (Reembolsos de empréstimos intermináveis: problemas com empréstimos e extractos), referiu* que os mutuários pensam frequentemente que, se mantiverem os seus pagamentos em dia, o seu empréstimo será liquidado de acordo com o prazo indicado no contrato de empréstimo . Por exemplo, se for um empréstimo de 20 anos, depois de pagar 240 prestações, o empréstimo deve ser amortizado. Se o prazo do empréstimo for alargado em 1 ou 2 anos, podem aceitá-lo. No entanto, quando lhes é dito que têm de continuar a pagar as prestações durante mais 6 anos, ficam chocados.

O outro aspeto importante dos serviços pós-compra é o aconselhamento e a educação em matéria de empréstimos à habitação, a fim de assegurar o pagamento atempado por parte dos mutuários e como mecanismo de prevenção da execução hipotecária (Ding, Quercia & Ratcliffe, 2008). Esta área tem atraído a atenção de investigadores, profissionais e decisores políticos nos últimos tempos. Na Malásia, os bancos e as agências governamentais, como a Counseling Agency and Debt Management (AKPK), estão a intensificar o desenvolvimento de programas para ajudar os mutuários problemáticos. Por exemplo, um dos programas é conhecido por AKPK's Debt Management Programme (DMP). Este programa permite que os conselheiros trabalhem com os mutuários para desenvolver um plano personalizado de reembolso da dívida, de acordo com as necessidades dos prestadores de serviços financeiros dos mutuários (http://www.akpk.org.my).

2.5. Divulgação e regulamentos

O financiamento da habitação na Ásia Oriental tem crescido sobretudo devido à rápida urbanização. A população urbana está a crescer 3% por ano, em comparação com uma média mundial de 0,5%. Uma caraterística fundamental do sistema asiático de financiamento da habitação é o predomínio de empréstimos a taxa variável sem limite, com um intervalo entre 5% e 8%. No caso da Malásia, a taxa variava entre 5,5% e 7,5% em 2006. Para além disso, os mercados de financiamento da habitação na Ásia Oriental carecem de ao consumidor (Loic, 2006).

De acordo com Ardic, *et.al* (2011), a proteção do consumidor refere-se a quaisquer regulamentos e leis necessários para garantir uma interação justa entre os prestadores de serviços financeiros e os consumidores. Por exemplo, os consumidores precisam de proteção com base nas assimetrias de informação inerentes, bem como nos desequilíbrios de poder nos mercados, porque os prestadores de serviços financeiros têm mais informações sobre produtos ou serviços financeiros do que os consumidores.

Além disso, Ardic, *et.al* (2011), salientou que um quadro eficaz de proteção dos consumidores para os prestadores de serviços financeiros tem três aspectos complementares. O primeiro aspeto abrange as leis e os regulamentos que regem as relações entre os prestadores de serviços e os utilizadores e, ao mesmo tempo, garante a equidade, a transparência e o direito de recurso. O segundo aspeto aborda o quadro como um mecanismo de aplicação eficaz, incluindo a resolução de litígios e, por último, deve promover a literacia financeira e aumentar as capacidades dos utilizadores financeiros no processo de gestão das suas finanças. De um modo geral, as leis de proteção dos consumidores podem ser divididas em quatro tipos.

1. Lei geral de proteção do consumidor sem referência explícita aos serviços financeiros
2. Lei de proteção do consumidor com referência explícita aos serviços financeiros
3. Regulamentação em matéria de proteção dos consumidores no âmbito dos sectores dos serviços financeiros 4. Outros tipos de regulamentação em matéria de proteção dos consumidores

Um estudo efectuado por Ardic, *Qt.al* (2011) revelou que a Malásia tinha duas categorias de proteção dos consumidores, ou seja, uma lei geral de proteção dos consumidores sem referência explícita aos serviços financeiros (Lei de Proteção dos Consumidores de 1999) e outros tipos de regulamentação em matéria de proteção dos consumidores emitida pelo Bank Negara Malaysia, como as orientações de conduta do mercado.

Rahman (2007) afirmou que o aumento do custo de vida na Malásia promoveu mais empréstimos de dinheiro actividades entre dois grandes grupos de classes de rendimento, ou seja, a sociedade da classe baixa e da classe média.

Por conseguinte, tornou-se necessário impor novas salvaguardas ou reforçar as salvaguardas existentes para as transacções e, ao mesmo tempo, tornar-se um instrumento de proteção dos consumidores. Por conseguinte, Rahman (2007) analisou em pormenor o desenvolvimento de três tipos de legislação em matéria de crédito ao consumo na Malásia. Trata-se das leis relativas à compra a prestações, ao empréstimo de dinheiro e à corretagem de penhores. Além disso, verificou que a legislação relativa ao crédito ao consumo não só é regida por diferentes estatutos e regulamentos, como também é supervisionada por diferentes ministérios e departamentos. O autor postula que estas incoerências podem criar problemas.

Além disso, Yap (2003) aborda as questões relacionadas com as diferentes autoridades que administram a legislação em matéria de crédito ao consumo na Malásia.

O quadro seguinte apresenta alguns regulamentos adoptados em matéria de crédito ao consumo na Malásia e a respectiva jurisdição:

Enacted Acts	Jurisdiction
Hire Purchase Act. 1967	• Ministry of Domestic Trade and Consumer Affairs • Regulate hire purchase financing.
Moneylenders Act 1951	• Ministry of Housing and Local Government • Regulate money lending activities
Pawnbrokers Act 1972	• Ministry of Housing and Local Government • Regulate business of pawnbroking carried out by pawn shops.
Banking and Financial Institutions Act	• Ministry of Finance
1989 (BAFIA)	• Regulates the business activities of commercial and investment banks.
Islamic Banking Act 1983	• Ministry of Finance • Regulates the business activities of Islamic Banks.

Os dois regulamentos mais importantes que regem as instituições bancárias e financeiras são a BAFIA de 1989 e a lei islâmica de 1983. No entanto, estes regulamentos protegem geralmente os depositantes e não os consumidores de crédito (mutuários de empréstimos). Para os consumidores de crédito, as condições, como a taxa de juro do empréstimo, estão fixadas em BLR mais um spread de 2,5%. Os outros termos e condições impostos ou vinculados a ambas as partes são definidos no contrato de empréstimo que foi assinado por ambas as partes. (Yap, 2003)

A ideia de ter um número mínimo de regulamentos no sector bancário está a ser apoiada pela Associação de Consumidores de Penang (CAP). Segundo a CAP, é confuso ter diferentes leis que tratam de diferentes tipos de crédito ao consumo e de facilidades de crédito geridas por diferentes departamentos ou ministérios.

A fim de ajudar os consumidores de crédito que enfrentam problemas, foi criado o Gabinete de Mediação Financeira (FMB) sob a alçada do Bank Negara Malaysia. Trata-se de um organismo independente que proporciona uma via para a resolução de litígios entre os consumidores e os seus prestadores de serviços financeiros que são membros do FMB. Os membros do FMB incluem bancos comerciais, bancos de investimento. Bancos islâmicos, companhias de seguros (vida, gerais, compostos e resseguros), operadores Takaful, instituições financeiras de desenvolvimento e operadores de sistemas de pagamento e emissores de instrumentos de pagamento.

O FMB proporciona aos consumidores uma via gratuita, rápida, cómoda e eficaz para a resolução dos seus litígios, em alternativa aos tribunais. Estes litígios podem estar relacionados com o sector bancário/financeiro, bem como com os seguros e o Takaful. As queixas ou litígios podem abranger temas como o crédito à habitação ou o financiamento islâmico da habitação (www.fmb.org.my).

No entanto, nem todos os litígios, queixas e reclamações de carácter bancário ou financeiro serão tratados pelo FMB. Estão excluídas as seguintes questões, tais como preços gerais, políticas de produtos ou serviços dos membros, decisões de crédito (aprovação, rejeição e reescalonamento de empréstimos), casos de fraude (exceto casos de fraude que envolvam instrumentos de pagamento, cartões de crédito, cartões de débito, cartões ATM e cheques cujo limite não seja superior a 25 000 RM), casos que tenham prescrito há mais de 6 anos e casos que tenham sido ou sejam submetidos a tribunal e/ou a arbitragem. Além disso, a jurisdição do FMB também está sujeita ao montante dos litígios. Atualmente, o FMB apenas trata de litígios de qualquer montante limitado a 100 000 RM.

As organizações não governamentais (ONG), em especial as associações de consumidores, são a segunda via preferida pelos consumidores de crédito para se aconselharem e são utilizadas como canal para apresentar queixas contra os prestadores de serviços financeiros. Esta associação trata de uma vasta gama de questões financeiras, incluindo questões relacionadas com o crédito à habitação.

Uma vez que não foi promulgada qualquer lei específica relativa ao crédito ao consumo para reger os consumidores de empréstimos à habitação, são necessários esforços para aumentar a proteção dos consumidores e a regulamentação da conduta do mercado na Malásia. É necessária uma melhor proteção dos consumidores, uma vez que os consumidores de outros países, como o Reino Unido e os Estados Unidos, já beneficiam de várias protecções para salvaguardar os seus interesses.

No Reino Unido, nos termos do Unfair Contract Terms Act 1977, as cláusulas são consideradas abusivas se, para além da exigência de boa fé, causarem um desequilíbrio significativo nos direitos e obrigações das partes em detrimento do consumidor. É importante dar aos consumidores a possibilidade de compararem os produtos ou serviços financeiros oferecidos pelos prestadores de serviços financeiros, uma vez que o sector financeiro dispõe de numerosos produtos ou serviços. A divulgação de informações informa melhor o consumidor e incentiva-o a comprar se contiver informações exactas, for útil e compreensível e for fornecida antes de serem tomadas decisões provisórias (Eskridge, 1984). Além disso, de acordo com Barr, Mullainathan e Shafir (2008), a informação nos mercados de crédito é imperfeita, uma vez que as empresas não têm incentivos suficientes para se coordenarem de modo a revelarem informações comparáveis. Uma informação mais comparável deverá ajudar os consumidores a negociar melhor, o que, por sua vez, conduz a uma maior concorrência e a um mercado mais eficiente.

Por conseguinte, a regulamentação da divulgação de informações é necessária e parece ser um modo útil de regulamentação. A eficácia da regulamentação da divulgação de informações poderia ser significativamente aumentada e os efeitos negativos não intencionais reduzidos através de um regime regulamentar mais sofisticado.

A exigência de divulgação por parte do consumidor é muito subjectiva. Alguns consumidores necessitam de divulgação pré-venda (aquando da publicidade ou promoção de um serviço), outros necessitam de divulgação na abertura de conta (aquando da assinatura de um contrato) e um grupo de consumidores necessita de divulgação periódica (a divulgação da relação contratual através de declarações regulares e ocasionais quando os termos do serviço são alterados) (Ardic, *et.al,* 2011). Este tipo de divulgação é conhecido como divulgação orientada para o consumidor. De acordo com Barr, *et. al* (2008), melhora a capacidade do consumidor de comprar produtos ou serviços e melhora a sua tomada de decisões.

Outro tipo de divulgação é conhecido como divulgação orientada para o público, que divulga informações ao mercado, ao público em geral, aos meios de comunicação social e às entidades reguladoras. Os Estados Unidos são um exemplo de país desenvolvido que possui alguns regulamentos de divulgação.

No mercado hipotecário dos Estados Unidos, foram adoptadas duas leis federais para ajudar os consumidores a serem informados das suas escolhas através da divulgação obrigatória de informações (Federal Reserve Board, 1997; Retsinas, 1997). Estas leis referem-se à Truth in Lending Act 1968 (TILA) e à Real Estate Settlement Procedures Act 1974 (RESPA), que obrigam à divulgação de informações relacionadas com os empréstimos hipotecários à habitação. Os principais objectivos destas leis consistem em ajudar os consumidores a tomar decisões de crédito informadas e em promover a concorrência de preços, facilitando a comparação de preços pelos consumidores. (Jinkook Lee, 2000). O Truth in Lending Act 1968 (TILA) foi concebido para proteger os consumidores nas transacções de crédito, exigindo a divulgação clara das principais condições do acordo de empréstimo e de todos os custos. Há cinco itens em particular que são considerados importantes e que a não divulgação de qualquer um deles dá ao mutuário o direito de rescindir a transação quando a casa é dada como garantia. Estes elementos são os encargos financeiros, a taxa anual de encargos efectiva global (TAEG), o montante financiado, o total dos pagamentos e o calendário de pagamentos. Os mutuários utilizam frequentemente a TAEG como critério de comparação na fase de seleção do empréstimo; infelizmente, a divulgação fica muito aquém do objetivo pretendido (McClatchey & de la Torre, 2006). A Real Estate Settlement Procedures Act 1974 (RESPA) exige que a natureza e os custos das transacções imobiliárias sejam divulgados aos mutuários. Protege os mutuários contra práticas abusivas, como comissões, e limita a utilização de contas de garantia.

Os Estados Unidos dispõem de uma lista de vários regulamentos adoptados para proteger os consumidores de empréstimos.

Act	Functions
Home Equity Loan Consumer Protection Act 1988	Requires creditors to disclose terms, rates and conditions annual percentage rate (APR), miscellaneous charges, payment terms, and information about variable interest rate features) about the home equity loan plan it offers, first when you receive an application and again before you first use the line of credit. If the disclosed terms change, the consumer can refuse to open the plan and is entitled to a refund of fees paid in connection with the application. The Act also limits the circumstances under which creditors may terminate or change the terms of a home equity plan after it is opened.

Fair Housing Act 1968	Prohibits discrimination in the extension of housing credit on the basis of race, colour, religion, national origin. sex. handicap, or family status.
Home Equity Loan Consumer Protection Act 1988	Requires creditors to provide consumers with detailed information about open-end credit plans secured by the consumer's dwelling, including a brochure describing home equity loans in general. Also regulates advertising of home equity loans and restricts the terms of home equity loan plans.
Home Mortgage Disclosure Act 1975	Requires mortgage lenders to annually disclose to the public data about the geographic distribution of their applications, originations, and purchases of home-purchase and home-improvement loans and refinancing. Requires lenders to report data on the ethnicity, race, sex, and income of applicants and borrowers, as well as pricing data on certain loans. Also directs the Federal Financial Institutions Examination Council, of which the Federal Reserve is a member, to make summaries of the data available to the public.
Home Ownership and Equity Protection Act 1994	Provides additional disclosure requirements and substantive limitations on home-equity loans with rates or fees above a certain percentage or amount. Amended the Truth in Lending Act.
Homeowners Protection Act 1998	Establishes rules for automatic termination and borrower cancellation of private mortgage insurance (PMI) on home mortgages
Real Estate Settlement Procedures Act 1974 (RESPA)	Requires that the nature and costs of real estate settlements be disclosed to borrowers. Also protects borrowers against abusive practices, such as kickbacks, and limits the use of escrow accounts
Truth in Lending Act 1968 (TILA)	Requires uniform methods for computing the cost of credit and for disclosing credit terms. Gives borrowers the right to cancel, within three days, certain loans secured by their residences. Prohibits the unsolicited issuance of credit cards and limits cardholder liability for unauthorized use. Also imposes limitations on home equity loans with rates or fees above a specified threshold

(www.ftc.gov ou www.federalreserve.gov)

A Malásia ainda não promulgou qualquer lei de proteção financeira dos consumidores, nomeadamente para proteger os empréstimos hipotecários dos mutuários. No entanto, foram envidados alguns esforços para resolver esta questão a favor dos consumidores de crédito. Assim, no seu Plano Diretor para o Setor Financeiro 2001-2010 (pp57), o governo recomendou que se aumentasse a transparência institucional e específica dos produtos e se avançasse no sentido de uma divulgação total.

Além disso, o Banco Negara da Malásia elaborou diretrizes que incidem sobre as taxas de referência, as taxas de empréstimo e as taxas de depósito das instituições bancárias, tendo posteriormente introduzido uma política conhecida como requisitos em matéria de transparência e divulgação (BNM/GL 001-15, p. 5). Esta política foi formulada e um formato para os requisitos de divulgação da taxa de empréstimo é apresentado no Apêndice A.

Recentemente, o Banco Negara da Malásia emitiu outras diretrizes, conhecidas como Diretrizes sobre Transparência e Divulgação de Produtos. A razão pela qual as orientações estão a ser introduzidas é o reconhecimento da importância de uma divulgação adequada e eficaz para os consumidores, em particular, e para os prestadores de serviços financeiros, em geral.

Estas orientações servem para aumentar os requisitos de divulgação dos produtos financeiros de retalho, com o objetivo de apoiar a tomada de decisões informadas por parte dos consumidores através de divulgações significativas e atempadas. No entanto, a transparência e a divulgação de informações só são reconhecidas como um instrumento de proteção do consumidor para servir o seu objetivo. O objetivo deste instrumento de proteção do consumidor é garantir que os consumidores sejam capazes de compreender a informação fornecida, uma vez que esta informação será utilizada pelos consumidores para avaliar a adequação dos produtos e comparar as suas escolhas. Por conseguinte, é importante que a informação seja significativa e pertinente. Este objetivo pode ser alcançado assegurando que as informações fornecidas no sítio sejam claras e fáceis de compreender pelos consumidores.

Posteriormente, em 2012, os bancos adoptaram fichas de informação sobre os produtos e emitiram-nas para todos os consumidores de empréstimos à habitação quando estes procuram obter empréstimos hipotecários. Todos os novos consumidores de crédito à habitação devem concordar com toda a informação fornecida nesta folha e subscrevê-la através da assinatura dos documentos. O Anexo B apresenta um exemplo de uma ficha de divulgação de produtos de crédito à habitação.

Este esforço tem sido continuamente promovido. Os funcionários do Bank Negara Malaysia (2011), no país ou no estrangeiro, sublinharam sempre que os consumidores têm o direito básico a um tratamento justo:

1. Acesso a informações adequadas para a tomada de decisões.
2. Aconselhamento correto sobre a adequação dos produtos financeiros.
3. Relações honestas e éticas
4. Resolução rápida e justa de reclamações ou litígios.
5. Vias de recurso para a resolução de litígios com as seguradoras.

Os direitos acima referidos têm por objetivo permitir uma gestão financeira eficaz por parte dos prestadores de serviços, a fim de garantir o cumprimento das suas obrigações para com os consumidores.

2.6 Informações do cliente

Campion (2001) opinou que a informação do mutuário sobre a sua dívida total é útil para os fornecedores de empréstimos neste ambiente empresarial competitivo. V.C Warnock e F.E Warnock, (2007) salientam que a informação sobre o historial de crédito pode incluir transacções negativas e positivas. Um número crescente de instituições de crédito intensificou a competitividade entre elas na oferta de crédito à habitação aos consumidores. As instituições de crédito tendem a ser mais flexíveis e flexíveis na decisão de aprovação do empréstimo. Por conseguinte, os consumidores com baixos rendimentos ou com poucas qualificações que obtêm facilmente empréstimos à habitação podem levar a um endividamento excessivo e ao incumprimento do pagamento dos empréstimos. A fim de reduzir o nível de endividamento e de incumprimento, os mutuantes efectuam uma verificação do crédito antes da aprovação de um novo empréstimo.

Na Malásia, os fornecedores de empréstimos procuram informações junto de duas fontes disponíveis, nomeadamente as agências de crédito e as agências de informação sobre crédito. Os fornecedores de empréstimos valorizam esta informação porque ajuda a melhorar a tomada de decisões de empréstimo. Os mutuários com problemas de desempenho no passado indicam um risco mais elevado. Para fazer face a este risco, os fornecedores de empréstimos rejeitam o pedido de empréstimo ou criam condições adequadas que se ajustem melhor ao perfil de risco dos mutuários. No entanto, a verificação de crédito é o primeiro passo do processo de decisão de empréstimo que implica uma análise exaustiva da capacidade de reembolso dos mutuários.

As informações sobre o risco de crédito do mutuário são muito importantes e permitem aos prestadores de serviços financeiros determinar a probabilidade de incumprimento. São necessários dois tipos de informação para determinar a capacidade ou a vontade de pagar dos mutuários de empréstimos (solvabilidade). A informação que reflecte a capacidade de pagamento dos mutuários provém normalmente de documentos financeiros, como os recibos de vencimento e as demonstrações financeiras anuais. As informações que determinam a disponibilidade de pagamento dos potenciais mutuários provêm normalmente dos relatórios de crédito fornecidos pelo Credit Tips of Services (CTOS) e pelo Central Credit References and Information System (CCRIS). Estas duas agências são atualmente fontes de informação fiáveis utilizadas pelos agentes do sector financeiro para verificar a conduta de crédito passada e presente dos potenciais mutuários.

O CTOS é uma organização privada que fornece informações sobre quaisquer recursos legais (registos anteriores e actuais) instituídos pelas outras partes contra os mutuários. No entanto, o CTOS não revela a "situação atual" dos recursos legais. Assim, por vezes era necessário verificar mais informações junto das partes envolvidas. O CCRIS é regulado pelo Bank Negara Malaysia e foi criado em 2001 para resolver a questão do aumento do endividamento das famílias malaias. O CCRIS fornece dados financeiros agregados pormenorizados e revela o comportamento de pagamento dos mutuários. Os dados do CCRIS foram fornecidos pelas instituições financeiras envolvidas e constituem uma fonte de informação mais fiável.

2.7 Problema de investigação

Na maior parte dos países do mundo, os consumidores financeiros enfrentam vários desafios no sector devido às mudanças no ambiente empresarial inerentes ao século XXI. Por exemplo, a desregulamentação e as alterações na regulamentação resultaram no aumento da concorrência entre os actores financeiros existentes e na abertura do mercado financeiro a actores financeiros inexistentes, como é o caso do empréstimo à habitação, que inicialmente era oferecido pela sociedade de construção, mas que mais tarde passou a ser oferecido pelos bancos comerciais. Atualmente, o crédito à habitação é também oferecido por companhias de seguros. O facto de muitos prestadores de empréstimos oferecerem produtos semelhantes fez com que o produto se tornasse demasiado competitivo e provocasse alterações sem precedentes devido à complexidade da oferta do produto.

A complexidade dos produtos hipotecários obrigou os consumidores a efetuar uma pesquisa de informações que os ajudasse a tomar decisões informadas sobre o pacote hipotecário oferecido por várias fontes de financiamento. Há vários parâmetros a considerar na escolha de um crédito hipotecário adequado ao perfil financeiro dos consumidores. De acordo com Gronhaug (1972), o comprador raramente dispõe de informações completas sobre as diferentes alternativas de compra ou sobre as consequências relacionadas com as várias alternativas de compra. Isto leva a que o comprador actue sob incerteza. Benartzi e Thaler (2002), opinam que os consumidores estão sujeitos a certos preconceitos comportamentais, incluindo a vulnerabilidade ao marketing, como o facto de gostarem de aceitar ofertas que são formuladas em termos simples. Consequentemente, os consumidores podem não estar bem informados. Ficam confusos quando lhes são propostas muitas alternativas de pacotes de produtos para habitação. Esta situação pode eventualmente conduzir a erros sistemáticos que podem ser explorados por certos prestadores de serviços financeiros (Ardic, Ibrahim & Mylenko, 2011).

Existem poucos estudos empíricos que examinem a relação entre a informação dos consumidores e os casos de falência devidos ao facto de os consumidores não poderem pagar o empréstimo à habitação. O Governo envidou esforços para criar canais informativos, como os portais "Bankinginfo" e "Insuranceinfo", com o objetivo de melhorar a literacia financeira dos consumidores financeiros. Estes portais de informação também facilitam a tomada de decisões pelos consumidores. Os consumidores podem também procurar aconselhamento financeiro através do BNMLINK e do TELELINK. Este esforço tem por objetivo reduzir o problema do endividamento das famílias e o número alarmante de casos de falência. Os dados do Departamento de Insolvência da Malásia indicam que a percentagem de casos de falência resultantes de empréstimos à habitação foi de 13% no período de 2005 a 2012 (http://www.insolvensi.gov.my).

O conhecimento limitado dos utilizadores financeiros não pode ser considerado como o único desafio nos mercados emergentes, mas pode ocorrer entre os utilizadores financeiros dos mercados desenvolvidos. Os níveis de desafio serão maiores entre os utilizadores financeiros dos mercados emergentes. Foi o caso dos Estados Unidos, que foram afectados pela crise do mercado hipotecário de alto risco em 2008. A iliteracia financeira ou a falta de compreensão dos produtos financeiros por parte dos utilizadores não é o único fator que contribui para esta crise. Outras questões, como a falta de divulgação efectiva e a existência de publicidade enganosa por parte dos fornecedores, foram consideradas como estando ligadas ao incumprimento dos empréstimos (Ardic, Ibrahim & Mylenko, 2011).

Por conseguinte, os desafios para os consumidores de crédito à habitação tornam-se maiores do que os actuais. Os consumidores de empréstimos à habitação necessitam de uma regulamentação abrangente em matéria de defesa do consumidor para proteger os seus interesses no mercado financeiro, nomeadamente no que se refere à divulgação dos produtos de empréstimo à habitação e a questões de tratamento equitativo.

2.8 Objectivos da investigação

O crédito à habitação é um produto complexo da banca a retalho e os consumidores médios podem não ter uma compreensão adequada dos termos e condições do crédito à habitação. Este estudo pretende examinar o comportamento de compra dos consumidores de empréstimos à habitação e os factores que influenciam a decisão de contrair empréstimos à habitação na Malásia. O estudo pretende também analisar se os consumidores estão bem protegidos ao abrigo da atual regulamentação relativa aos empréstimos que contraem. A Malásia é um dos países dos mercados emergentes e a maioria dos estudos efectuados sobre o sistema bancário nos mercados emergentes não está bem estabelecida. Os bancos estão expostos a um risco elevado em comparação com outras instituições bancárias nos países da OCDE (Organização para a Cooperação e o Desenvolvimento Económico) que dispõem de um sistema bancário sofisticado, incluindo regularizações que protegem os direitos dos consumidores de habitação.

Os objectivos do presente estudo são:

a) Identificar os tipos de informação que ajudam os mutuários de habitação a tomar decisões na sua escolha de empréstimos à habitação.
b) Investigar os tipos e a extensão do serviço pós-venda prestado aos mutuários após o desembolso do empréstimo à habitação.
c) Examinar se os bancos praticaram a divulgação de informações exigida pelo Bank Negara Malaysia para proteger adequadamente os consumidores (credores hipotecários).

2.9 Questões de investigação

a) Quais são as informações que os consumidores procuram para a sua decisão de escolha do crédito à habitação?
b) Os clientes que beneficiam do serviço pós-venda subscreveram o empréstimo à habitação?
c) Os bancos praticam a divulgação adequada de informações, tal como exigido pelo Bank Negara Malaysia?

CAPÍTULO 3

3 .0 Metodologia da investigação

O estudo tinha como objetivo compreender o comportamento dos consumidores no processo de decisão de escolha de crédito hipotecário e o grau de serviço pós-venda prestado pelos prestadores de crédito hipotecário. Para atingir estes objectivos, foi adotado um método quantitativo através de uma abordagem de inquérito.

Os questionários são compostos por três secções principais. A primeira secção solicita informações sobre os empréstimos hipotecários, tais como a identidade dos credores hipotecários, os tipos de propriedades adquiridas, os tipos de empréstimos contraídos e o grau de pesquisa de informações para obter o empréstimo.

A segunda secção visava identificar o comportamento de patrocínio dos mutuários. As perguntas incidiam principalmente sobre os critérios de seleção de empréstimos, as práticas de divulgação de informações e o serviço pós-venda. As respostas são baseadas numa escala de Likert, de 1 = menos importante a 5 = mais importante. A terceira secção é constituída pelos antecedentes e dados demográficos dos mutuários dos empréstimos.

3.1 Amostragem

Devido a limitações de tempo e financeiras, decidimos que o estudo seria realizado no distrito de Kota Setar, uma vez que se trata de uma das maiores cidades da Península do Norte.

A amostra deste estudo é constituída por mutuários de empréstimos hipotecários do distrito de Kota Setar. Foi obtida uma lista de compradores de casas de novos projectos imobiliários entre 2007 e 2011 com endereços no distrito de Kota Setar junto da Majlis Bandaraya Alor Setar (MBAS), Kedah, Malásia. Os inquiridos foram escolhidos com base no método de amostragem aleatória simples. A dimensão da amostragem baseia-se em Morgan & Krejie (1970).

Os questionários do inquérito foram distribuídos pelos bairros residenciais designados. Os enumeradores foram destacados para efetuar entrevistas presenciais. Foram distribuídos 370 questionários e recolhidos 295 questionários. Isto equivale a uma taxa de resposta de 80%.

3.2 Desenvolvimento de instrumentos

No processo de elaboração dos questionários, procurámos obter contributos e informações junto de banqueiros, consultores jurídicos e professores do sector bancário. Foi dada especial atenção aos domínios das condições de empréstimo e às questões pertinentes relacionadas com o crédito à habitação.

3.3 Ensaio de instrumentos

Foi efectuado um estudo-piloto em que foram distribuídos 50 questionários para o estudo-piloto, tendo sido devolvidos 30 questionários.

Foi realizado um teste de fiabilidade para verificar a validade e a fiabilidade dos itens.

3.3.1 Estatísticas de fiabilidade

Nunnally, J. C. (1978) descreveu 0,7 como sendo um coeficiente de fiabilidade aceitável. A Tabela 3.3

apresenta os valores do Alfa de Cronbach para todas as variáveis utilizadas neste estudo.

Quadro 3.3

Variable Item	Cronbach's Alpha
Housing loan selection criteria	0.862
Housing loan information disclosures	0.960
Housing loan after sales service	0.917

CAPÍTULO 4

4 .0 Conclusões e discussão de resultados

4.1 Análise descritiva

Tabela 4.1: Dados demográficos

Item	Frequencies	(%)
Male	182	61.7
Female	113	38.3
Malay	239	81.3
Chinese	42	14.3
India	10	3.4
Others	3	1.0
Single	52	17.7
Married	241	82.0
Divorced	1	0.3
<25 years old	19	6.4
25-35	117	39.7
46-55	99	18.3
>55 years old	6	2.0
Primary	14	4.7
Secondary	84	28.5
College	47	15.9
Tertiary Education	150	50.8
<1000	9	3.1
1001-2000	74	25.3
2001- 3000	76	25.9
3001- 4000	64	21.8
4001- 5000	42	14.3
> RM 5000	28	9.6

Do total de inquiridos, 61,7% são do sexo masculino e 38,3% do sexo feminino. A maioria (81,3%) é de etnia malaia, chinesa (14,3%), indiana (3,4%) e outras (1,0). Solteiros 17,7%, casados 82,0% e divorciados 0,3%. Os inquiridos com 25 anos ou menos (6,4%), 25 a 35 anos (39,7%), 46 a 55 anos (18,3%) e 55 anos ou mais (2,0%). O nível de escolaridade dos inquiridos 4,7% é o primário, 28,5% o secundário, 15,9% o superior e 50,7% o ensino superior. A distribuição dos rendimentos entre os inquiridos é de 3,1% menos de RMI.000, 25,3% de RMI001- RM2000, RM2001-RM3000 é de 25,9%, RM3001-RM4000 é de 21,8%, RM4001-RM5000 é de 14,4% e 9,6% > RM 5000.

Quadro 4.2: Fornecedores de empréstimos à habitação

	Frequency	Percent
Affin Islamic	5	1.7
Alliance Islamic	1	0.3
Alliance Conventional	4	1.4
Ambank Islamic	3	1.0
Ambank Conventional	1	0.3
Agro Islamic	1	0.3
BSN Islamic	19	6.5
BSN Conventional	7	2.4
Rakyat Islamic	28	9.6
Rakyat Conventional	4	1.4

CIMB i	22	7.6
CIMB c	20	6.9
EON i	2	0.7
EON c	5	1.7
Hong Leong i	2	0.7
Hong Leong c	8	2.7
HSBC Islamic	2	0.7
HSBC Conventional	4	1.4
MBSB Islamic	5	1.7
MBSB Conventional	1	0.3
Maybank Islamic	18	6.2
Maybank Conventional	9	3.1
Public Islamic	14	4.8
Public Conventional	23	7.9
RHB Islamic	3	1.0
RHB Convventional	6	2.1
Standchart Islamic	1	0.3
OCBC Conventional	4	1.4
UOB Conventional	5	1.7
Citibank Islamic	1	0.3
Bank Islam	24	8.2
Muamalat	7	2.4
Al-Rajhi	1	0.3
Other Loan providers	31	10.7
Total	291	100.0

Os inquiridos pedem empréstimos a trinta e cinco instituições de crédito/financiamento hipotecário. Todas as instituições financeiras são constituídas por bancos comerciais islâmicos e convencionais; bancos islâmicos; bancos estrangeiros islâmicos e convencionais; instituições de poupança islâmicas e convencionais; instituições de desenvolvimento; sociedades de construção; bancos cooperativos e outras instituições de crédito ou o Departamento de Bolsas de Estudo da Malásia.

Quadro 4.3: Regime de empréstimos

	Frequency	Percent
Islamic	159	54.6
Conventional	101	34.7
Others	31	10.7
Total	291	100.0

De um modo geral, existem três categorias de empréstimos/financiamentos hipotecários que facilitam o mercado hipotecário na Malásia: islâmicos, convencionais e empréstimos/financiamentos para habitação dos funcionários. A maioria dos inquiridos (54,6%) escolhe o regime de financiamento islâmico, 34,7% dos inquiridos escolhem o regime de empréstimo convencional e 10,7% escolhem outros regimes. O regime "outros" refere-se ao regime de empréstimo à habitação concedido pelos empregados, que constitui uma das vantagens do seu emprego.

Tabela 4.4: Tipos de bens

	Frequency	Percent
single storey s/detached	59	20.0
Apartment	14	4.7
Condominium	9	3.1
Bungalow	14	4.7
Double storey s/detached	47	15.9
Low cost flat	9	3.1
single storey terrace	89	30.2
Double storey terrace	51	17.3
Shophouse	2	0.7
Total	294	100

O mercado hipotecário lida com dois tipos principais de activos (imóveis) - habitação e edifícios comerciais - e a habitação é a maioria dos activos no mercado hipotecário. Os inquiridos neste estudo compraram diferentes tipos de imóveis: 20% (moradias geminadas de um só piso), 4,7% (apartamento), 3,1% (condomínio), bungalow (4,7%), 15,9% (moradias geminadas de dois pisos), 3,1% (apartamento de baixo custo), 30,2% (terraço de um só piso), 17,3% (terraço de dois pisos) e apenas 7% (loja).

Tabela 4.5: Tipo de posse de propriedade

	Frequency	Percent
Freehold	161	54.6
Leasehold	36	12.2
Malay reserved	91	30.8
Total	295	100.0

No Estado de Kedah, existem três tipos de propriedade disponíveis. 54,6% dos inquiridos, ou seja, a maioria, adquiriram um imóvel em regime de propriedade horizontal, enquanto 12,2% adquiriram um imóvel em regime de arrendamento e 30,8% dos inquiridos adquiriram um imóvel em regime de reserva malaio.

Tabela 4.6: Preço do imóvel adquirido

		Frequency	Percent
	Less than RM50,000	28	9.5
	RM51,000 - RM100,000	72	24.4
	RM101,000 - RM150,000	71	24.1
	RM151,000 - RM200,000	65	22.0
	RM201,000 - RM250,000	27	9.2
	RM251,000 - RM300,000	17	5.8
	RM301,000 and above	15	5.1
	Total	295	100.0

O quadro acima indica o preço dos imóveis adquiridos pelos inquiridos. A maioria dos inquiridos comprou o imóvel entre RM 51 000-00 - RM 100 000 (24,4%), RM 101 000 - RM 150 000-00 (24,1%) e RM 151 000 - RM 200 000 (22%). Por seu turno, 9,5% compraram imóveis de valor inferior a 50 000 RM, 9,2% compraram imóveis de 210 000 RM - 250 000 RM, 5,8% (251 000 RM - 300 000 RM) e apenas 5,1% compraram imóveis de valor igual ou superior a 301 000 RM.

Quadro 4.7: Margem de financiamento dos empréstimos

	Frequency	Percent
Less than 79%	6	2.7
80% - 89 %	48	21.8
90% - 99 %	141	64.1
100%	25	11.4
Total	220	100.0

A maioria (64,1%) dos inquiridos prefere uma margem de financiamento de 90% - 99%, 21,8% escolhem uma margem de financiamento de 80% -89%, 11,4% optam por um financiamento de 100% e apenas 2,7% usufruem de uma margem de financiamento inferior a 79%.

Quadro 4.8: Duração do reembolso do empréstimo

	Frequency	Percent
5 years or less	5	1.7
6 to 10 years	15	5.1
11 to 15 years	20	6.8
16 years to 20 years	51	17.3
21 to 25 years	104	35.3
26 to 30 years	99	33.6
Total	294	99.7

A duração do reembolso do empréstimo/financiamento hipotecário na Malásia mostra que 33,6% dos inquiridos preferem um período de empréstimo mais longo, de 26 a 30 anos, enquanto apenas 1,7% seleciona uma duração de reembolso de 5 anos ou menos. Muitos deles (35,3%) preferem uma duração de empréstimo de 21 a 25 anos. Os restantes inquiridos, 17,3% (16 anos a 20 anos), 6,8% (11 anos a 15 anos) e 5,1% (6 anos a 10 anos).

Quadro 4.9: Tipos de reembolso do crédito à habitação

		Frequency	Percent
	Graduated repayment	59	20.0
	Fixed repayment	200	67.8
	Flexible repayment	36	12.2
	Total	295	100.0

A amortização fixa é o tipo de amortização mais preferido para o crédito à habitação. Os dados indicam que 67,8% dos inquiridos optaram por uma prestação mensal fixa. Enquanto 20% selecionam a amortização progressiva e 12,2% optam pela amortização flexível.

Quadro 4.10: Tipo de taxa de juro cobrada sobre o crédito à habitação

		Frequency	Percent
	Fixed rate	219	74.2
	Variable rate	70	23.7
	Combination rate	6	2.0
	Total	295	100.0

O quadro acima revela informações sobre o tipo de juros cobrados no crédito à habitação. A maioria dos inquiridos, ou seja, 74,2%, afirma estar a usufruir de um empréstimo a taxa fixa, 23,7% a taxa variável e apenas 2% a taxa combinada.

Quadro 4.11: Tipos de pacotes de empréstimos à habitação

	Frequency	Percent
Housing loan	282	95.6
Overdraft	5	1.7
Housing loan plus overdraft	7	2.4
Total	294	100.0

A quase totalidade dos inquiridos, ou seja, 95,6%, opta por um pacote de crédito à habitação puro, 1,7% e 2,4% optam por um descoberto e por um pacote de crédito à habitação combinado (crédito à habitação mais descoberto).

Quadro 4.12: Fontes de informação sobre empréstimos

	Frequency	Percent
Newspaper	9	3.1
Website	19	6.4
Branch office	31	10.5
Bank staff	49	16.6
Friend	55	18.6
Family members	18	6.1
Housing developers	86	29.2
Social network	4	1.4
Others	24	8.1
Total	295	100.0

Os inquiridos procuraram informações sobre empréstimos à habitação em várias fontes. Os jornais são a fonte de informação do para 3,1% dos inquiridos, o sítio Web de cada banco/entidade financeira (6,4%), as agências (10,5%), os funcionários do banco (16,6%), os amigos (18,6%), os familiares (6,4%), os promotores imobiliários (29,2%), as redes sociais (1,4%) e outros (8,1%).

Quadro 4.13: Informações adicionais solicitadas

	Frequency	Percent
None	55	18.6
Once	101	34.2
Twice	94	31.9
3 times or more	45	15.3
Total	295	100.0

O quadro acima indica que, no processo de empréstimo/financiamento de habitação, 18,6% dos inquiridos não forneceram informações adicionais, mas os restantes foram solicitados a apresentar informações adicionais. Cerca de 34,2% dos inquiridos foram solicitados a apresentar informações adicionais uma vez, 31,9% tiveram de apresentar informações adicionais duas vezes e 15,3% foram solicitados a apresentar informações adicionais três vezes ou mais.

Quadro 4.14: Tempo para obter aprovação de habitação

	Frequency	Percent
Within 1 week	37	12.5
Between 2 to 4 weeks	116	39.3
Between 1 to 2 months	98	33.2
More than 2 months	37	12.5
In progress/still waiting for approval	6	2.0
Total	294	99.7

Muitos dos inquiridos (39,3%) obtiveram a aprovação do seu empréstimo junto dos prestadores de serviços financeiros entre duas a quatro semanas. 33,3% e 12,5% obtiveram a aprovação do empréstimo entre 1 mês e 2 meses e mais de 2 meses, respetivamente. Apenas 12,5% obtiveram a aprovação do empréstimo no prazo de uma semana. No entanto, 2% dos inquiridos ainda estão à espera da aprovação/em curso do seu empréstimo.

Tabela 4.15 Obtenção de produtos/serviços bancários adicionais

	Frequency	Percent
Yes	173	58.6
No	122	41.4
Total	295	100.0

As actividades de venda cruzada no sector bancário reflectem-se na tabela acima. 58,6% dos inquiridos obtiveram produtos/serviços bancários adicionais e 41,4% não dispõem de quaisquer produtos bancários adicionais.

4.2 Análise analítica

4.2.1 Confusão dos consumidores

O modelo de conflito sugere que os compradores de casa nem sempre fazem as melhores escolhas em termos de habitação e de serviços de liquidação de empréstimos. Isto deve-se ao facto de não terem procurado alternativas. Mesmo que comprem; os consumidores fazem frequentemente más escolhas devido a juízos cognitivos na ponderação e avaliação da informação. (Ekskridge,! 984). Este estudo constatou que o erro cognitivo era evidente na fase inicial de compras dos consumidores, uma vez que estes procuravam a melhor taxa de juro.

Quadro 4.16: Factores importantes

Quadro 4.17: Critérios importantes

How important are these factors in helping you to choose your housing loan? (Likert scale 1 to 5)		**Rank the following criteria according to its importance.**	
Selection Criteria	**Mean**	**Selection Criteria**	**Percentage**
Loan tenure	4.38	Interest rate	62.7%
Monthly installment amount	4.32	Monthly installment amount	27.8%
Interest rate	4.28	Loan tenure	27.5%

Margin of financing	4.11	Mortgage lender's reputation	23.4%
Repayment flexibility	3.99	Margin of financing	22.4%
Mortgage lender's reputation	3.87	Repayment flexibility	21.4%

A fim de avaliar se o consumidor sofre de confusão na aplicação do crédito hipotecário, foram concebidos dois conjuntos diferentes de questionários e foi utilizada a análise descritiva para analisar os dados.

A Tabela 4.17 fornece aos consumidores critérios de seleção de hipotecas de apoio aos consumidores na Tabela I. As conclusões são coerentes com as conclusões de Ojo & Tgalo (2008), segundo as quais o fator juros foi identificado como um dos factores mais significativos que afectam a escolha dos mutuários em matéria de empréstimos à habitação. Os resultados apresentados na Tabela 4.16 mostram que os quatro factores mais importantes para ajudar os consumidores a escolher o empréstimo hipotecário são a duração do empréstimo (média=4,38), seguida do montante da prestação mensal (média=4,32), da taxa de juro (média=4,28) e da margem de financiamento (média=4,11). No entanto, as nossas conclusões na Tabela 4.17 mostraram resultados diferentes na ordem de classificação. A taxa de juro foi considerada a mais importante, com 62,7%, seguida do montante da prestação mensal (27,8%), da duração do empréstimo (27,5%) e da reputação do credor hipotecário (23,4%). De acordo com os resultados da investigação, a duração do empréstimo e o montante da prestação mensal são as principais considerações, porque estes dois critérios determinam a capacidade do consumidor para pagar a hipoteca. Além disso, a decisão de aprovação do empréstimo hipotecário é prerrogativa dos credores hipotecários, pelo que a capacidade dos consumidores para pagarem o montante da prestação mensal é importante para minimizar o risco de crédito dos credores. Isto está em conformidade com a diretiva do Banco Negara da Malásia no sentido de travar o aumento da dívida das famílias, que se situava em 76,6% com base no rácio dívida/PIB (CIMB, 22 de março de 2012). Em 2011, os empréstimos hipotecários representavam 45% da dívida das famílias da Malásia. Os diferentes bancos têm a sua própria regra geral para o rácio do serviço da dívida (DSR). Alguns bancos fixam o DSR em 60% do rendimento líquido do agregado familiar, outros em 65% do rendimento bruto do agregado familiar. Em geral, quanto mais longo for o prazo do empréstimo, menor será o montante da prestação mensal.

De acordo com Chambers, *et.al.* (2008), os contratos de crédito hipotecário compreendem muitas dimensões que devem ser consideradas pelos mutuários. As principais caraterísticas de um contrato hipotecário proeminente são a estrutura de pagamento, o prazo e o plano de amortização. Entre as principais caraterísticas que devem ser tidas em conta pelo mutuário contam-se as seguintes informações, uma vez que os bancos oferecem vários pacotes de crédito hipotecário utilizando várias terminologias, como "empréstimo flexível", "empréstimo a prazo", "prazo mais descoberto" e outros termos. Relativamente aos tipos de taxa de juro, as terminologias comuns utilizadas são taxa de hipoteca fixa ou ajustável e várias terminologias para os métodos de reembolso, tais como fixo, graduado e reembolso flexível. A informação está resumida no Quadro 4.18.

Tabela 4.18: Tipo de métodos de reembolso, taxa de juro e pacote de empréstimo

Type of Repayment Methods		**Type of Interest Rate**		**Type of Housing Loan Package**	
Fixed	67.8%	Fixed	74.2%	Housing Loan Only (or Term loan)	94.6%

Graduated	20.0%	Variable (or adjustable rate)	23.7%	Overdraft	1.7%
Flexible	12.2%	Combination (fixed and variable rate)	2.0%	Combination (Term Loan plus overdraft or flexi loan)	2.4%

O quadro 4.18 mostra que 94,6% dos consumidores preferem um empréstimo a prazo (apenas para habitação), 74,2% optam por uma hipoteca de taxa fixa e 67,8% escolhem um montante de reembolso fixo. As condições selecionadas pela maioria dos consumidores são as condições tradicionais dos empréstimos hipotecários. A razão pela qual os consumidores preferem estas caraterísticas simples é o facto de ajudarem a reduzir a confusão.

Comparando estes factores, a confusão do mutuário está fortemente relacionada com o nível das taxas de juro (Woodward, 2003). Na Malásia, o regime de taxas de juro sofreu algumas alterações. O crédito à habitação com base numa taxa fixa para casas de custo elevado foi adotado desde 1995. No entanto, o número de instituições bancárias e o volume de fundos disponíveis com base neste tipo de taxa de juro são estritamente limitados (Thillainathan, 1999). No entanto, os prazos de reembolso são fixados em três a sete anos. Posteriormente, os empréstimos foram reavaliados a uma taxa variável com uma margem pré-acordada acima da taxa de juro de base (BLR) ou a uma taxa fixa mutuamente acordada a determinar no final do período relevante.

Este estudo constatou que não existe uma taxa de juro fixa pura a ser implementada, exceto para empréstimos oferecidos por algumas companhias de seguros e pelo departamento de empréstimos do tesouro do governo.

Mesmo no financiamento islâmico, o regime de taxa fixa foi substituído pelo regime de taxa variável desde 2003. Este regime de taxa fixa resultou num desajustamento do financiamento para as instituições financeiras islâmicas, porque o seu financiamento a longo prazo era financiado por depósitos bancários a curto prazo, que podem dar rendimentos variáveis. Os bancos tinham fixado as suas taxas de lucro para esse financiamento durante um longo período (BNM, 2003). O empréstimo islâmico à habitação tem a particularidade de ter uma taxa máxima de proteção contra o aumento da taxa de financiamento de base (BFR).

4.2.2 Critérios de seleção

Tabela 4.19: Classifique os seguintes critérios de acordo com a sua importância.

Criteria	Percentage
Interest rate	62.7%
Monthly installment amount	27.8%
Loan tenure	27.5%
Loan providers' reputation	23.4%
Margin of financing	22.4%
Repayment flexibility	21.4%

Os consumidores terão de considerar muitos factores antes de chegarem ao pacote hipotecário mais adequado ao seu perfil financeiro. De acordo com o relatório Miles, encomendado para examinar o mercado hipotecário no Reino Unido, devido à complexidade dos produtos hipotecários, muitos agregados familiares colocam a tónica no reembolso mensal inicial e ignoram a viabilidade financeira futura no caso de a taxa de juro de curto prazo subir.

No entanto, a Tabela 4.19 mostra que 62,7% dos consumidores estão preocupados com a taxa de juro e colocam a tónica na comparação da taxa de juro durante a fase de compra. Este resultado é consistente com Worden e Sullivan (1987), que descobriram que quase 80% dos mutuários afirmaram que a principal motivação para a sua pesquisa no mercado de crédito era encontrar um empréstimo com uma taxa de juro mais baixa. Por outro lado, 27,8% escolheram o montante da prestação mensal e 27,5% a duração do empréstimo como os dois critérios mais importantes para a seleção do crédito hipotecário.

Quando o nível da taxa de juro desejada é determinado, o consumidor terá de decidir sobre a acessibilidade do montante da prestação mensal, selecionando o período de empréstimo adequado. Quanto mais longo for o prazo do empréstimo, menor será o montante da prestação mensal e vice-versa. O cálculo da prestação mensal é apresentado na seguinte fórmula:

Prestação mensal = $L * i(1+i)^n / (1/(1+i)^n-1$

Onde L é o montante do empréstimo i é a taxa de juro n é o prazo do empréstimo

4.2.3 Fontes de informação

Quadro 4.20: Onde obteve informações sobre o seu crédito à habitação?

		Frequency	Percent	Cumulative Percent
Valid	mass media	31	11.5	11.5
	bank source	80	29.6	41.1
	developer	86	31.9	73.0
	Family & friend	73	27.0	100.0
	Total	270	100.0	

O resultado da Tabela 4.20 mostra que as três fontes de informação mais importantes para os clientes que procuram informações sobre hipotecas são o promotor (31,9%), seguido de fontes do pessoal do banco (29,6%) e conselhos de familiares e amigos (27%). Este resultado difere ligeiramente de um estudo realizado por Ijevleva & Sloka (2012), que concluiu que as fontes de informação que mais determinam a seleção do banco pelos mutuários são a consulta do pessoal dos bancos, os conselhos de peritos em crédito e os conselhos de amigos.

Os resultados desta investigação mostram que os consumidores que procuram informações junto dos promotores imobiliários são uma prática consistente e comum no sector na Malásia.

Os promotores imobiliários também actuam como originadores de empréstimos, ao contrário do que acontece nos mercados desenvolvidos, onde os corretores de hipotecas qualificados desempenham um papel fundamental.

Os promotores têm normalmente acordos prévios com alguns bancos que formam um painel de bancos preferenciais para a concessão de financiamento hipotecário aos clientes. Os clientes escolheriam um financiador da lista de bancos do painel em função do tipo de pacotes de empréstimos que se adequam ao seu perfil financeiro. No entanto, os promotores imobiliários não recebem qualquer tipo de incentivo dos credores hipotecários.

Trata-se apenas de uma forma de os promotores prestarem um serviço extra e de oferecerem comodidade aos compradores de habitação. Além disso, esta medida pode promover uma melhor relação com os bancos, o que é crucial para os promotores que têm a sua conta HDA (Housing Developer Account) aberta nos bancos.

Além disso, os intermediários do mercado hipotecário da Malásia não são tão sofisticados como os dos países desenvolvidos. Os consumidores não têm qualquer possibilidade de procurar aconselhamento independente junto de corretores hipotecários qualificados. Por conseguinte, a recomendação do promotor de habitação é considerada fiável e imparcial.

A fonte de informação menos preferida que os consumidores utilizaram para obter informações sobre empréstimos hipotecários foram os meios de comunicação social (11,5%). Os meios de comunicação social são os jornais, os sítios Web, a televisão, a publicidade e as redes sociais.

Os meios de comunicação social são normalmente utilizados pelos bancos para promover os seus produtos hipotecários. Além disso, os consumidores indicaram que a promoção por parte dos credores hipotecários é o critério de seleção menos importante a ter em conta durante a fase de aquisição do crédito hipotecário.

A promoção refere-se às actividades de publicidade, promoção de vendas e marketing organizadas pelos mutuantes hipotecários com o objetivo de aumentar o volume de vendas. Este resultado sugere que o orçamento de promoção dos bancos deve ser realizado com parcimónia para evitar desperdícios. Recomenda-se uma investigação mais aprofundada sobre a elasticidade da procura em relação às despesas de promoção e ao volume de vendas do crédito à habitação.

Uma vez que a promoção foi o critério de seleção menos importante, infere-se que os mutuantes hipotecários devem adotar estratégias de promoção adequadas em função dos clientes visados.

4.2.4 Serviço pós-venda

Este estudo concluiu que o nível do serviço pós-venda satisfaz geralmente as expectativas da maioria dos consumidores. Os itens do serviço pós-venda registaram pontuações médias superiores à média de 2,5, como se pode ver no Quadro 4.21.

Quadro 4.21: Indique em que medida o serviço pós-venda prestado pelo mutuante hipotecário corresponde às suas expectativas. (Escala de Likert de 1 a 5)

Type of after sales service	Mean
Reschedule of payment	3.42
Consultation on repayment issue	3.27
Attending queries promptly	3.27
Monthly installment revision	3.26
Notification of BLR changes	3.22

Os resultados deste estudo mostram que os mutuantes hipotecários prestaram excelentes serviços de reescalonamento dos pagamentos do empréstimo. O reescalonamento dos pagamentos foi identificado como o serviço pós-compra mais excelente prestado pelos mutuantes de crédito hipotecário. A consulta sobre questões de reembolso e a resposta rápida a questões foram igualmente classificadas pelos consumidores com uma pontuação de 3,27. O outro aspeto importante dos serviços pós-compra é o aconselhamento e a formação sobre o crédito à habitação, com o objetivo de assegurar o pagamento imediato por parte dos mutuários. O serviço pós-venda após a concessão de um empréstimo tem atraído a atenção de investigadores, profissionais e decisores políticos. Os resultados deste estudo mostraram que os clientes estão geralmente satisfeitos com todos os itens relacionados com os serviços ao cliente prestados pelos bancos (Tabela 4.21).

4.2.5 Comparação do serviço pós-venda entre os tipos de mutuantes hipotecários

De um modo geral, os prestadores de empréstimos convencionais têm melhor desempenho do que os prestadores de empréstimos islâmicos, seguidos pelos prestadores de empréstimos do Tesouro do Estado, na prestação de serviços hipotecários pós-venda. A Tabela 5.22 mostra que os credores hipotecários convencionais obtiveram pontuações médias mais elevadas do que os credores hipotecários islâmicos e o serviço prestado pelo departamento do tesouro do governo.

Quadro 4.22: Comparações entre os mutuantes hipotecários quanto ao nível do serviço pós-venda

		N	Mean
My expectation on bank toward attending my queries	1.00	158	3.19
	2.00	100	3.42
	3.00	31	3.06
	Total	289	3.26
My expectation on sales staff toward latest information	1.00	158	3.18
	2.00	100	3.23
	3.00	31	2.94
	Total	289	3.17
My expectation on bank toward BLR changes	1.00	158	3.22
	2.00	100	3.34
	3.00	31	2.77
	Total	289	3.21
My expectation on bank toward monthly installment revision	1.00	158	3.20
	2.00	100	3.43
	3.00	31	2.84
	Total	289	3.24
My expectation on bank toward acknowledge my payment	1.00	159	3.41
	2.00	100	3.55
	3.00	31	3.06
	Total	290	3.42
My expectation on bank on consultation for repayment issue	1.00	157	3.32
	2.00	100	3.32
	3.00	31	2.87
	Total	288	3.27

Note: 1.00=Islamic 2.00=Conventional 3.00=Government

Os resultados estão dentro do esperado, uma vez que os credores hipotecários convencionais estão estabelecidos no sector há mais tempo do que os credores hipotecários islâmicos e o departamento do tesouro do governo. Além disso, o ambiente do crédito à habitação é muito competitivo e é uma questão de sobrevivência para os credores hipotecários. Para além de poderem oferecer produtos hipotecários atractivos, as instituições de crédito hipotecário convencionais obtiveram vantagens competitivas na área dos serviços pós-venda para se manterem à frente da concorrência.

Quadro 4.23: Serviço pós-venda Nível de significância

Dependent variable		Mean	Sig
My expectation on bank toward BLR changes.	Islamic	3.22	.051*
	Conventional	3.34	
My expectation on bank toward monthly installment revision.	Islamic	3.20	.042*
	Government	2.84	

*A diferença média é significativa ao nível de 0,05.

Com base na Tabela 4.23, o nível de expetativa de serviço é significativo entre os credores hipotecários convencionais e o Tesouro Público.

As comparações das expectativas dos consumidores em relação ao banco no que respeita ao reconhecimento das alterações da taxa de juro de referência revelaram uma relação significativa entre as instituições de crédito hipotecário convencional e o Tesouro Público, com um nível de significância de 0,051 (p<0,05). A expetativa dos consumidores em relação à revisão da prestação mensal também mostrou uma relação significativa entre os prestamistas de crédito hipotecário convencional e o Tesouro Público a 0,042 (p<0,05).

Existe uma relação entre as alterações da taxa de juro de referência e a prestação mensal de uma hipoteca. As instituições de crédito hipotecário notificam os consumidores sobre as alterações do montante das prestações sempre que se regista uma alteração da taxa de juro comercial. No entanto, o empréstimo do Tesouro não é afetado pela taxa de juro de referência, uma vez que a taxa de juro e as prestações mensais são fixas durante todo o período do empréstimo. Por conseguinte, os resultados revelaram uma coerência nas práticas dos mutuantes de crédito hipotecário convencional de notificar os consumidores sobre as alterações ocorridas. Foi efectuado um teste adicional para examinar a relação entre a raça e os credores hipotecários preferidos. O Quadro 4.24 apresenta os resultados da tabulação cruzada.

Tabela 4.24: Tabela de cruzamento entre prestador e raça * Tabela de cruzamento entre prestador de empréstimos

			Loan provider			Total
			1.00	2.00	3.00	
race1	bumi	Count	149	57	28	234
		Expected Count	128.3	80.7	25.0	234.0
		% within race1	63.7%	24.4%	12.0%	100.0%
		% within Loan provider	93.7%	57.0%	90.3%	80.7%
		% of Total	51.4%	19.7%	9.7%	80.7%
	non bumi	Count	10	43	3	56
		Expected Count	30.7	19.3	6.0	56.0
		% within race1	17.9%	76.8%	5.4%	100.0%
		% within Loan provider	6.3%	43.0%	9.7%	19.3%
		% of Total	3.4%	14.8%	1.0%	19.3%
Total		Count	159	100	31	290
		Expected Count	159.0	100.0	31.0	290.0
		% within race1	54.8%	34.5%	10.7%	100.0%
		% within Loan provider	100.0%	100.0%	100.0%	100.0%
		% of Total	54.8%	34.5%	10.7%	100.0%

Testes de qui-quadrado

	Value	df	Asymp. Sig. (2-sided)
Pearson Chi-Square	55.165a	2	.000
Likelihood Ratio	53.542	2	.000
Linear-by-Linear Association	15.038	1	.000
N of Valid Cases	290		

a. 0 células (.0%) têm uma contagem esperada inferior a 5. A contagem mínima esperada é 5,99

Do total de inquiridos, 54,8% optaram por empréstimos islâmicos à habitação, 34,5% por empréstimos convencionais e 10,7% por empréstimos públicos à habitação. Os resultados significativos revelaram que a maioria dos consumidores Bumiputra escolheu o crédito hipotecário islâmico (63,7%), ao passo que a maioria dos consumidores não Bumiputra continua a preferir o crédito hipotecário convencional (76,8%).

4.2.6 Divulgação e regulamentos

Os resultados deste estudo mostraram que as informações fornecidas aos consumidores são corretas, uma vez que as pontuações médias relativas à divulgação de informações são superiores à pontuação média de 2,5 (escala de Likert de 1 a 5).

Quadro 4.25: Divulgação de informações

Areas of disclosure	Mean
Loan repayment statement	3.84
Legal advisor use plain language	3.61
Contract details	3.42

Os resultados permitiram concluir que os requisitos de divulgação exigidos pelo Bank Negara Malaysia (BNM) são adequadamente aplicados pelos mutuantes hipotecários. Isto está em conformidade com as diretrizes do BNM (Relatório sobre a Estabilidade Financeira e os Sistemas de Pagamentos, 2009) que promovem a utilização de uma linguagem simples na redação de contratos, acordos e documentos de política. De um modo geral, na prática, os bancos têm fornecido aos mutuários extractos de empréstimo anuais ou semestrais.

Brix e McKee (2010) concluíram que a divulgação dos produtos de crédito pode ajudar a reduzir os custos dos empréstimos para os consumidores. De acordo com Ardic, *et.al* (2011), uma das abordagens consiste em abordar a questão da divulgação não normalizada no sector para um formato normalizado da informação divulgada aos consumidores. Esta abordagem inclui frequentemente a utilização de requisitos de linguagem clara. Para além disso, os bancos divulgaram informações na língua nacional, que é o Bahasa Malaysia.

4.3 Limitações

Devido a limitações de tempo e financeiras, os inquiridos foram selecionados numa única área geográfica, o distrito de Kota Setar do Estado de Kedah. Embora os resultados possam generalizar a população, recomenda-se a obtenção de amostras de outros Estados, a fim de compreender melhor a variabilidade e a validade das amostras. A dimensão da amostra pode ser aumentada para que se possa efetuar uma análise mais abrangente.

4.4 Investigação futura

A investigação foi efectuada no Estado de Kedah. Podem existir problemas relacionados com a variabilidade dos inquiridos. Por conseguinte, a extensão da investigação pode ser efectuada em maior escala para abranger amostras de outros Estados da Malásia, a fim de proporcionar conhecimentos e compreensão sobre esta área de investigação.

CAPÍTULO 5

5.0 Conclusões

Uma das principais conclusões deste estudo é que o consumidor considera a taxa de juro como o principal fator no processo de aquisição do empréstimo. Apesar da importância de obter a taxa de juro mais baixa possível, os outros factores determinantes para garantir o financiamento hipotecário incluem o prazo do financiamento e a capacidade de pagar as prestações mensais.

Na prática, a duração do financiamento e o montante do reembolso mensal são os factores mais importantes para determinar a elegibilidade dos consumidores para obterem a aprovação do financiamento.

Devido ao elevado nível de concorrência no mercado hipotecário, as especificações dos produtos em termos de taxa de juro apresentam uma pequena variabilidade. Assim, os consumidores têm controlo sobre a escolha do prazo de financiamento e do montante do reembolso mensal, mas um controlo mínimo sobre a taxa de juro.

A determinação da taxa de juro é uma prerrogativa dos financiadores e é orientada pelo Bank Negara Malaysia. A confusão é particularmente relacionadas com o nível da taxa de juro. Os promotores imobiliários parecem ser a fonte mais importante na qual os consumidores procuram informações relativas à escolha do crédito hipotecário.

As conclusões revelaram igualmente que os mutuantes hipotecários praticam um número bastante suficiente de informações, tal como exigido pelo Bank Negara Malaysia.

Referências

Ardic, O. P., Ibrahim, J. A., & Mylenko, N. (2011, janeiro). Consumer protection laws and regulations in deposit and loan service: A cross-country analysis with a new data set. *Policy reserach working paper* . Banco Mundial.

Ariely, D. (2000). Consumer's decision making and preference. *Journal of Consumer Research* , Vol. 27, No.2.

Asugman, G., Johnson, J. L., & McCullough, J. (1997). The Roles of After-Sales Service in International Marketing (As funções do serviço pós-venda no marketing internacional). *Journal of International Marketing,* 11-28.

Ball, M. (2003). *Melhorar o mercado da habitação.* RICS Leading Edge Series (maio).

Barr, M. S., Mullainathan, S., & Shafir, E. (2008). *Behaviorally Informed Financial Services (Serviços Financeiros Informados pelo Comportamento).* New America Foundation.

Bazerman, M.H. (2001). Reflexões e revisões: Consumer research for consumers. *Journal of consumer research, 2 7 (4), 499-504.*

Benartzi, S., & Thaler, R. H. (2002). How much is investor autonomy worth. *Journal of Finance ,* 1593-1616.

Campion, A. (2001). Partilha de informação sobre clientes na Bolívia. *Journal of Microfinance ,* Vol. 3,No.l.

Chambers, M. S., Garriga, C., & Schlagenhauf, D. (2008, novembro-dezembro). Mortgage Innovation, Mortgage Choice,and housing decision. *Federal Reserve Bank of ST. Louis REVIEW.*

Chang, Y.-C. R., & Hanna, S. (1992). Consumer credit search behaviour. *International Journal of Consumer Studies and Home Economics* , 207-227.

CIMB. (22 de março de 2012). *Atualização económica.* CIMB.

Devlin, J. F. (2002). An Analysis of choice criteria in home loan markets. *International Journal of Bank Marketing,* Vol. 20, pp. 212-226.

Ding, L., Quercia, R. G., & Ratcliffe, J. (2008). Post-purchase Counseling and Default Resolutions among Low-and Moderate Income Borrowers (Aconselhamento pós-compra e resoluções de incumprimento entre mutuários com rendimentos baixos e moderados). *JRER* , No. 3.

Doms, M. S., & Krainer, J. (2007, fevereiro). Innovation in mortgage markets and increased spending on housing. *Documento de trabalho do Banco da Reserva Federal de São Francisco.*

Dulare, D. C. (2011). *Banking Services in Fiji: From Consumers' Perspective.* Fiji: Conselho dos Consumidores das Fiji.

Duncan, D. (1999). How do borrowers shop? *Mortgage Banking,* dezembro, 38^18.

Eskridge, William N. Jr., "One Hundred Years of Ineptitude: The Need for Mortgage Rules Consonant with the Economic and Psychological Dynamics of the Home Sale and Loan Transaction" (1984). *Série de Bolsas de Estudo da Faculdade.* Documento 3821. http://digitalcommons.law.yale.edu/fss papers/3821

Autoridade de Serviços Financeiros. (2012, 5 de junho). *Guia de regulamentação das cláusulas contratuais abusivas (UNFCOG).* Recuperado em 5 de junho. 2012, da FSA: http://fsahandbook.info/FSA/html/handbook/UNFCOG/1

(2010). *Relatório sobre a Estabilidade Financeira Mundial.* Washington D.C.: Fundo Monetário Internacional.

Relatório sobre a Estabilidade Financeira Mundial. (2010). Washington D.C.: Fundo Monetário

Internacional.

Gronhaug, K. (1972). Risk indicators, perceived risk and consumer's choice of information sources. *Journal of Economics* .

Guttentag, J. (2010). *The Mortgage Encyclopedia* (segundo.). EUA: McGraw-Hill.

Ijevleva, K., & Sloka, B. (2012). Canais de informação que influenciam a decisão das famílias sobre os fornecedores de crédito à habitação. *Estudos sobre a integração europeia* , 6.

Jinkook Lee, J. M. (2000). Consumer information search for home mortgages: who, what, how much, and what else? *Financial Services Review 9*,277-293.

Kau, J. B., & C.Keenan, D. (1995). An overview of the option-Theoretic pricing of mortgages. *Journal of Housing Research* , Vol.6,Issue 2.

Kimball, R. C., Frisch, R. & Gregor, W. T. (1997). Alternative visions of consumer financial services.

Lee, J., & Hogarth, J. M. (2000). Consumer information search for home mortges: who, what, how much and what else? *Financial Service Review* , 277-293.

Yap, K.L. (2003). *Consumer credit regulation in Malaysi: A Country Reporta.* Bank Negara Malaysia.

McClatchey, C., & Torre, C. d. (2006). Comparing Fixed-Rate Mortgage Loans via the APR:Cautions and Caveats. *Jounal of Financial Services* .

Miles, David (2004). The UK Mortagage Market: Taking a Longer-Term View.

Relatório final e recomendações. *HM Treasury,* Londres.

Krejcie, R. V., & Morgan, D. W. (1970). Determinação da dimensão da amostra para actividades de investigação. *Educ Psychol Meas.*

Nunnally, J. C. (1978). Psychometric theory. Nova Iorque: McGraw-Hill.

Ojo, O., & Igalo, J. (2008). Factors Affecting Borowwers' Choice of Housing Loan Package in Southwestern Nigeria (Factores que Afectam a Escolha de Pacotes de Empréstimos para Habitação por parte dos Borowwers no Sudoeste da Nigéria). *Housing Finance International.*

Ong. S. E. (2005). Mortgage markets in Asia (Mercados hipotecários na Ásia). Dublin.

Rahman, A. S. (2007). Development of Consumer Credit Laws in Malaysia (Desenvolvimento da legislação em matéria de crédito ao consumo na Malásia). *Journal of International Commercial Law and*

Technology', Vol. 2, No. 2.

Rose, P. S. (1997). *Money and capital markets.* Singapura: McGraw-Hill International Ed:tions.

Swee Lian, K. (2011). *Proteção dos consumidores e regulação da conduta de mercado: Visita de estudo pré-fórum.* Kuala Lumpur: Banco Negara Malásia.

Thakor, A. V., Beltz, J. C. & Barefoot, J. S. *(V993).Common ground: Increasing consumer benefits andreducing regulatory costs in banking.* General Banking Study, preparado para a Herbert V. Prochnow Educational Foundation da Graduate School of Banking da Universidade de Wisconsin-Madison, Barefoot, Marrinan & Associates, Inc. (V993).

Thillainathan, R. (1999). *Homeownerships in Malaysia:An analysis of trends and issues (Propriedade de casas na Malásia: uma análise das tendências e questões).* Housing Finance International .

Utusan Konsumer (Jan-Fev 2009, pág. 10), "Reembolsos intermináveis de empréstimos: problemas com empréstimos e extractos"

Warnock, V. C., & Warnock, F. E. (2007, maio). Markets and housing finance. *Série de documentos de trabalho do NBER.* Cambridge: National Bureau of Economic Reserach.

Woodward, S. E., & Hall, R. E. (2010). *Consumer confusion in Mortgage Market: Evidence of less than a perfectly transparent and competitive market,* (pp. 511-515). American Economic Review.

Worden,D.,&Sullivan,A. (1987). *Shopping for Consumer Credit:* Implication for Market Efficieny, Working Paper No.54. Universidade de Purdue: IN: Centro de Investigação de Crédito, Krannet Graduate, School of Management.

Sítios Web

BNM. (2012, 21 de março). *Relatório de Estabilidade Financeira e Sistemas de Pagamentos 2011.* Retirado de http://www. bnm.gov.my/index.php?ch=en_publication_catalogue&pg=en_publication_fsp[s]&ac=91 &yr=2011 &lang= en

BNM. (2012, 12 de maio). *Plano de ação para o sector financeiro.* Recuperado de Bank Negara Malaysia:www.bnm.gov.my/index.php?ch= 109&pg=856&ac=1

BNM. (2001). *Plano Diretor do Setor Financeiro.* Recuperado em 17 de maio de 2012, de www.bnm.gov.my: http://www.bnm.gov.my/files/publication/dgi/en/2004/06.boxl .pdf

BNM. (2003, 10 de outubro). *Caixa branca: Introdução do sistema financeiro islâmico.* Recuperado em

10 de outubro de 2012, de Bank Negara Malaysiawww.bnm.gov.my/files/publication/ar/en/...Zcp05_003_whitebox_intro.pdf

http://www.akpk.org.my

http://www.aiamalaysia.com/

http://www.alliancebank.com.my

http://www.bankinginfo.com.my. (2007). Recuperado de Banking Info.

(http://www.ctos.com.my)

(http://www.insolvensi.gov.my)

http://www.pbebank.com/en/en_content/personal/loans/5home.html ( )www.bnm.gov.my/files/publication/fsps/en/2009/cp02_002

www.cap.org.my

www. federalreserve.gov

www.fmb.org.my

www.ocbc.com.my

http://www.ing.com.my

http://www.aiamalaysia.com/

http://www.bankislam.com.my

http://www.consumer.org.my/index.php/personal-finance/bank/! 81-mutuários enganados por contratos de empréstimo à habitação-

Apêndice A

Assumir um empréstimo à habitação de RM 100.000,00 com uma duração de reembolso de 20 anos. Os preços dos pacotes de habitação são calculados com base na taxa de base hipotecária (taxa de referência) e na taxa de juro de referência.

	Lending Rate	
Housing Loan Package	Price at Mortgage Base Rate	Priced at BLR
Year 1	4.00% (Mortgage rate)	2.5%
Year 2	5.00% (Mortgage rate + 1%)	7.15% (BLR + 0.4%)
Year 3 and thereafter	6.00% (Mortgage rate +2%)	7.65%(BLR+0.9%)
Total Repayment	RM168,344.74	RM188.310.33

Nota:

Hipoteca a 4% ao ano com efeito a partir de dd/mm/yy

A taxa de juro de 6,75% p.a. produziu efeitos a partir de dd/mm/yy

A taxa hipotecária e a BLR estão sujeitas a alterações periódicas

Bank	**Package Type**	**Interest Rate (%)**	**Package Information**
Alliance Bank	Flexi Loan	from BLR – 1.8	• Non ZEC • No minimum loan amount • Minimum lock-in period 5 years • Exit penalty 3% on loan amount or RM3,000 which ever higher • No fixed interest rates
AmBank	Flexi Loan	from BLR – 1.9	• Non ZEC • No minimum loan amount • Minimum lock-in period 5 years • Exit penalty 3% on loan amount • No fixed interest rates
CIMB Bank	Home Flexi	from BLR – 1.9	• Non ZEC • Minimum loan RM150,000 • Minimum lock-in period 5 years • Exit penalty 3% on loan amount • No fixed interest rates
Citibank	FlexiHome	from BLR – 1.5 (ZEC) from BLR – 1.8 (non-ZEC)	• Both ZEC and Non ZEC • Minimum loan RM100,000 (ZEC) • Minimum loan RM60,000 (Non-ZEC) • Minimum lock-in period 5 years (ZEC) • Minimum lock-in period 3 years (Non ZEC) • Exit penalty 3% on loan amount (ZEC) • Exit penalty 3% on loan amount (Non-ZEC) • No fixed interest rates

EON Bank	Super Easi 123 Flexi	from BLR – 1.8	• Non ZEC • Minimum loan RM50,000 • Minimum lock-in period 3 years • Exit penalty 3% on loan amount • No fixed interest rates
Hong Leong Bank	Flexi Mortgage	from BLR – 1.85	• Both ZEC and Non ZEC • Minimum loan RM100,000 (ZEC) • Minimum loan RM50,000 (Non-ZEC) • Minimum lock-in vary 3, 5 or 7 years • Exit penalty 3.5% on loan amount • No fixed interest rates
HSBC	HomeSmart	from BLR – 1.75	• Both ZEC and Non ZEC • Minimum loan RM50,000 • Minimum lock-in period 3 years • Exit penalty 3% on loan amount • No fixed interest rates
Maybank	MaxiHome	from BLR – 1.8	• Non ZEC • Minimum loan RM50,000 • Minimum lock-in period 3 years • Exit penalty 3% on loan amount • Option for fixed interest rates for 3,5 or 7 years
OCBC Bank	Home Loan	from BLR – 1.9	• Non ZEC • Minimum loan RM100,000 • Minimum lock-in period 5 years • Exit penalty 3% on loan amount or RM3,000 which ever higher • No fixed interest rates
Public Bank	Home Save	from BLR – 1.9	• Non ZEC • Minimum loan RM150,000 • Minimum lock-in period 5 years • Exit penalty 3% on outstanding amount • No fixed interest rates
RHB Bank	Flexi Loan	from BLR – 1.8	• Non ZEC • Minimum loan RM100,000 • Minimum lock-in period 5 years • Exit penalty 3% on outstanding amount • No fixed interest rates
Standard Chartered	Flexi Loan	from BLR – 1.8	• Non ZEC • Minimum loan RM100,000 • Minimum lock-in period 5 years • Exit penalty 3% on loan amount • No fixed interest rates

UOB Bank	Flexi Mortgage	from BLR – 1.8	• Non ZEC • Minimum loan RM200,000 • Minimum lock-in period 5 years • Exit penalty 2% on loan amount • No fixed interest rates

February 2010

Loan package name	Rate (BLR minus)	Lock-in	Maximum Tenure	Maximum Margin
StandChart Term Loan	-2.50%	2.00% 3 Years	35 up to 70	90%
RHB Flexi/Term Loan	-2.50%	2.00% 3 years	40 up to 70	90%
HSBC Flexi/Term Loan	-2.45%	3.00% 3 years	40 up to 70	90%
OCBC Flexi/Term Loan	-2.45%	3.00% 3 years	40 up to 70	90%
CIMB Flexi/Term loan	-2.40%	0.00% 0 years	40 up to 70	90%
HLB Flexi/Term Loan	-2.40%	3.00% 3 years	30 up to 70	90%
MBB Semi Flexi Loan	-2.40%	2.00% 3 years	40 up to 70	90%
PBB Flexi/Term Loan	-2.40%	2.00% 3 years	40 up to 70	90%
UOB Flexi/Term Loan	-2.40%	2.00% 3 years	30 up to 70	90%
Alliance Flexi/Term Loan	-2.40%	3.00% 3 years	40 up to 70	90%
Citibank Flexi/Term Loan	-2.40%	3.00% 3 years	30 up to 70	90%
Affin Flexi/Term Loan	-2.40%	2.00% 3 years	40 up to 70	90%
Ambank Flexi/Term Loan	-2.30%	2.00% 5 years	40 up to 70	90%

Fonte: iProperty.com (28/3/2012)

Aviso de novas taxas de incumprimento para contas hipotecárias convencionais

Caros clientes,

Informamos que, com efeitos a partir de 1 de agosto de 2012, a nossa taxa de incumprimento para contas hipotecárias convencionais será revista da seguinte forma:

1. Se o seu crédito hipotecário (habitação/empréstimo a prazo) estiver em situação de incumprimento durante três (3) meses no
   a) pagamento de juros na pendência do início da prestação; OU
   b) pagamento das prestações mensais,

   o Banco converterá, sem aviso prévio, a taxa prescrita na sua carta de oferta em BLR + 1,50% p.a., consoante a que for mais elevada, calculada sobre o saldo em dívida, ou qualquer outra taxa ou base de cálculo da taxa de incumprimento que o Banco possa, segundo o seu critério exclusivo e absoluto, fixar em qualquer altura e periodicamente.
2. Quando a sua linha de crédito hipotecário (habitação/empréstimo a prazo) for classificada como empréstimo não produtivo, o Banco converterá, sem aviso prévio, a taxa prescrita na sua carta de oferta em BLR + 3,50% p.a., calculada sobre o saldo em dívida, ou qualquer outra taxa ou base de cálculo da taxa de incumprimento que o Banco possa, a seu exclusivo critério, prescrever em qualquer altura e periodicamente.

A partir de agora, o reembolso mensal será revisto em conformidade se a taxa de incumprimento acima referida entrar em vigor.

http://www.affinbank.com.my/news/ann-cmpms-18072012.htm

FACULDADE DE GESTÃO

UNIVERSITI UTARA MALÁSIA

SOAL SELIDIK

QUESTIONÁRIO

Matlamat kajian ini adalah untuk meningkatkan kefahaman tentang gelagat pelanggan dalam menentukan pilihan pinjaman perumahan mereka

O objetivo do estudo é compreender melhor o comportamento dos clientes na determinação da sua escolha de crédito à habitação

Soal selidik ini akan mengambil masa lebih kurang 10 hingga 15 minit. Kerjasama anda amat dihargai untuk kajian kami. Segala maklumat anda adalah sulit dan hanya untuk tujuan kajian. Sila kembalikan soal selidik yang telah dijawab.

This questionnaire should take about 10 to 15 minutes to complete. Your response is very important to this study and will be kept strictly

Tan Sek Choo (Chefe de projeto) College of Business Universiti Utara Malaysia E-mail: tan@uum.edu.my

Telefone: 012^900 3880

Bahagian I : Maklumat pinjaman perumahan/ *Housing loan information*

Bahagian ini merangkumi beberapa soalan mengenai pinjaman perumahan anda. Sila tandakan (√) bagi jawapan yang bersesuaian atau isikan ruangan kosong jika berkaitan.
This section enquires information about your housing loan. Please tick (√) the appropriate answer or fill in the blank where necessary.

1. Sila nyatakan pembiaya pinjaman perumahan anda (pinjaman terkini jika lebih daripada satu pinjaman).
Please state your housing loan provider (Latest loan provider if you have more than one housing loan)

Bank		
Affin Bank	1 *Islamic*	
	2 *Conventional*	
Alliance Bank	3 *Islamic*	
	4 *Conventional*	
Ambank	5 *Islamic*	
	6 *Conventional*	
Agro Bank	7 *Islamic*	
	8 *Conventional*	
BSN	9 *Islamic*	
	10 *Conventional*	
Bank Rakyat	11 *Islamic*	
	12 *Conventional*	
CIMB Bank	13 *Islamic*	
	14 *Conventional*	
EON Bank	15 *Islamic*	
	16 *Conventional*	
Hong Leong Bank	17 *Islamic*	
	18 *Conventional*	
HSBC Bank	19 *Islamic*	
	20 *Conventional*	
Malaysian Building Society (MBSB)	21 *Islamic*	
	22 *Conventional*	

Bank		
Maybank	23 *Islamic*	
	24 *Conventional*	
Public Bank	25 *Islamic*	
	26 *Conventional*	
RHB Bank	27 *Islamic*	
	28 *Conventional*	
StandChart	29 *Islamic*	
	30 *Conventional*	
OCBC Bank	31 *Islamic*	
	32 *Conventional*	
UOB Bank	33 *Islamic*	
	34 *Conventional*	
Citibank	35 *Islamic*	
	36 *Conventional*	
Bank Islam	37 *Islamic*	
Bank Muamalat	38 *Islamic*	
Al-Rajhi Bank	39 *Islamic*	
Kuwait Finance House	40 *Islamic*	

41 *Others. Please specify* ______________________

2. Apakah jenis hartanah yang anda beli berdasarkan pinjaman yang tersebut di atas?
What type of property do you purchase based on the above loan?

- 1 Rumah berkembar setingkat / *Single storey semi-detached*
- 2 Apartmen / *Apartment*
- 3 Kondominium / *Condominium*
- 4 Banglo / *Bungalow*
- 5 Rumah berkembar dua tingkat / *Double storey semi-detached*
- 6 Rumah pangsa kos rendah / *Low cost flat*
- 7 Teres setingkat / *Single storey terrace*
- 8 Teres dua tingkat / *Double storey terrace*
- 9 Rumah Kedai / *Shophouse*

3. Apakah jenis pemilikan hartanah anda?
What is your property tenure?

- 1 Pegangan bebas/ *Freehold*
- 2 Pajakan / *Leasehold*
- 3 Rizab Melayu / *Malay reserved*
- 4 Lain-lain, sila nyatakan / *Other, please state* [______________________]

4. Berapakah harga hartanah ketika anda membelinya?
What was the price of your property when you purchased it?

- [1] Kurang dari RM50,000 / *Less than RM50,000*
- [2] RM51,000 – RM100,000
- [3] RM101,000 – RM150,000
- [4] RM151,000 – RM200,000
- [5] RM201,000 – RM250,000
- [6] RM251,000 – RM300,000
- [7] Melebihi RM301,000 / *RM301,000 and above*

5. Berapakah margin pembiayaan bagi pinjaman tersebut?
How much is the loan margin of financing?

Sila nyatakan / *Please state* _______ %

6. Berapa lama tempoh bayaran balik pinjaman perumahan?
How long is your housing loan repayment duration?

- [1] Kurang dari 5 tahun / *5 years or less*
- [2] 6 hingga 10 tahun / *6 to 10 years*
- [3] 11 hingga 15 tahun / *11 to 15 years*
- [4] 16 hingga 20 tahun / *16 to 20 years*
- [5] 21 hingga 25 tahun / *21 to 25 years*
- [6] 26 hingga 30 tahun / *26 to 30 years*
- [7] Pinjaman dua generasi / *Two generations Loan*

7. Apakah jenis kaedah pembayaran balik pinjaman perumahan anda?
What is the type of repayment method of your housing loan?

- [1] Pembayaran berperingkat / *Graduated repayment*
- [2] Pembayaran tetap / *Fixed repayment*
- [3] Pembayaran fleksibel / *Flexible repayment*

8. Apakah jenis kadar faedah / margin keuntungan pinjaman perumahan anda?
What is the type of interest rate of your housing loan?

- [1] Kadar tetap / *Fixed rate*
- [2] Kadar berubah / *Variable rate*
- [3] Kadar kombinasi / *Combination rate*

9. Apakah jenis pakej pinjaman perumahan anda?
What is the type of your housing loan package?

- [1] Pinjaman perumahan sahaja / *Housing loan only*
- [2] Overdraf sahaja / *Overdraft only*
- [3] Gabungan pinjaman perumahan dan overdraf / *Housing loan plus overdraft*

10. Dari mana anda memperolehi maklumat berkaitan pinjaman perumahan anda?
Where did you obtain your housing loan information?

- [1] Surat khabar / *Newspaper*
- [2] Laman web / *Website*
- [3] Pejabat cawangan / *Branch office*
- [4] Staf bank / *Bank staff*
- [5] Rakan / *Friend*
- [6] Ahli keluarga / *Family members*
- [7] Pemaju perumahan / *Housing developer*
- [8] Jaringan sosial / *Social network (facebook, twitter)*
- [9] Lain-lain, sila nyatakan / *Others, please state* [_______________]

11. Secara anggaran, berapa kali pembekal pinjaman perumahan anda meminta MAKLUMAT TAMBAHAN sebelum pinjaman tersebut diluluskan?
Approximately how many times did your housing loan provider asked for ADDITIONAL INFORMATION before your housing loan was approved?

- [1] Tiada / *None*
- [2] Sekali / *Once*
- [3] Dua kali / *Twice*
- [4] Lebih daripada 3 kali / *3 times or more*

12. Berapa lama tempoh mendapatkan kelulusan pinjaman perumahan anda?
How fast do you get the housing loan approved?

1	Dalam tempoh 1 minggu / *Within 1 week*
2	2 hingga 4 minggu / *Between 2 to 4 weeks*
3	1 hingga 2 bulan / *Between 1 to 2 months*
4	Melebihi 2 bulan / *More than 2 months*
5	Dalam proses/ masih menunggu kelulusan / *In progress / still waiting for approval*

13. Adakah anda mempunyai lain –lain perkhidmatan perbankan dengan pembiaya pinjaman perumahan anda?
Do you have other banking services with your housing loan provider?

[1] Ya / *Yes* [2] Tidak / *No*

a, sila tandakan (√) perkhidmatan yang berkaitan. (Anda boleh tandakan lebih daripada satu jawapan)
If Yes, please tick (√) the services where appropriate. (You may tick more than one answer)

1	Akaun simpanan / *Saving account*	7	Pinjaman peribadi / *personal loan*
2	Akaun semasa / *Current account*	8	Insurans / *Insurance*
3	Simpanan tetap / *Fixed deposit*	9	Pemegang amanah/ *Trustee*
4	Unit amanah / *Unit trust*	10	Wasiat / *Will*
5	Sewa beli / *Hire purchase*	11	*Structured product (e.g NID)*
6	Peti simpanan / *Safe deposit box*	12	Lain-lain. Sila nyatakan *Others. Please specify* ____________

Bahagian II : Gelagat peminjam / *Borrower patronage behavior*

Sila nyatakan sejauhmana tahap kepentingan setiap kriteria di bawah. Bulatkan hanya satu jawapan bagi setiap pernyataan.
Please indicate how important each of the following criteria. Please circle one answer only for each statement.

Ciri-ciri Pemilihan / *Selection Criteria*

14.	Sejauh manakah kepentingan faktor ini dalam membantu anda membuat pemilihan pinjaman perumahan? *How important are these factors in helping you to choose your housing loan?*	**Tidak Penting** *Not Important*				**Sangat Penting** *Very Important*
	(a) Kadar faedah (Konvensional) / Margin keuntungan (Islamik) *Interest rate (Conventional) / Profit margin (Islamic)*	1	2	3	4	5
	(b) Bayaran ansuran bulanan *Monthly installment amount*	1	2	3	4	5
	(c) Tempoh pinjaman *Duration of the loan*	1	2	3	4	5
	(d) Margin pembiayaan *Margin of financing*	1	2	3	4	5
	(e) Pakej pinjaman perumahan dengan kos pemindahan percuma *Packaged housing loan with free moving cost*	1	2	3	4	5
	(f) Fleksibiliti pembayaran balik *Repayment flexibility*	1	2	3	4	5

(g) Promosi oleh pembiaya pinjaman perumahan *Promotion by housing loan provider*	1	2	3	4	5
(h) Reputasi pembiaya pinjaman perumahan *Reputation of the housing loan provider*	1	2	3	4	5

Sila nyatakan sejauhmana tahap persetujuan anda terhadap setiap pernyataan di bawah. *Please indicate to what extent you agree or disagree with the following statements.*		*Strongly disagre*				*Strongly agree*
16.	Penasihat Undang-undang (peguam) menggunakan bahasa yang mudah untuk menjelaskan tentang kontrak pinjaman perumahan. *Legal advisor (lawyer) uses plain language to explain about the housing loan contract.*	1	2	3	4	5
17.	Pembiaya pinjaman perumahan memberikan saya jadual pembayaran balik pinjaman. *The housing loan provider provides me the loan repayment statement.*	1	2	3	4	5
18.	Pembiaya pinjaman perumahan telah memaklumkan saya tentang: *The housing loan provider informed me about:*					
	(a) Terma dan syarat bagi notis penyelesaian awal. *Terms and conditions for early settlement notice.*	1	2	3	4	5
	(b) Menyemak rekod transaksi pinjaman saya dari CTOS dan CCRIS. *Seeking my credit history from CTOS and CCRIS.*	1	2	3	4	5
	(c) Penalti bagi penyelesaian awal. *Penalty for early settlement.*	1	2	3	4	5
	(d) Tempoh 'lock-in' minimum *Minimum lock-in period.*	1	2	3	4	5
	(e) Kos pemindahan (Yuran guaman dan penilaian) *Moving cost (valuation and legal fees).*	1	2	3	4	5
	(f) Penalti bayaran lewat. *Late payment penalty.*	1	2	3	4	5
	(g) Keperluan insurans pinjaman perumahan. *Housing loan insurance requirements.*	1	2	3	4	5
	(g) Caj-caj lain. *Miscellaneous charges.*	1	2	3	4	5
19.	Pembiaya pinjaman perumahan memaklumkan saya tentang: *The housing loan provider informed me about:*					
	(a) Bagaimana untuk melakukan pembayaran awal sebahagian pinjaman supaya saya boleh menjimatkan pembayaran faedah/ keuntugan bank. *How to make partial prepayment so that I can save on the interest payment / profit margin.*	1	2	3	4	5
	(b) Dimanakah saya boleh mengemukakan aduan sekiranya terdapat perselisihan di antara saya dan pembiaya pinjaman perumahan. *Where I can lodge complaint if there are disputes between me and housing loan provider.*	1	2	3	4	5
	(c) Hak saya untuk mendapat segala maklumat. *My right to have access to all information that would affect my borrowing decision.*	1	2	3	4	5
	(d) Hak saya untuk dilayan secara professional, bersopan dan tanpa prasangka. *My right to be treated professionally, courteously and without prejudice.*	1	2	3	4	5
	(e) Hak saya untuk diajak berunding berkaitan sebarang perubahan terma dan syarat pinjaman saya. *My right to be consulted on changes to the terms and conditions of my loan.*	1	2	3	4	5

	(f) Hak saya untuk mendapatkan maklumat yang tepat secara berkala. *My right to have accurate information on a regular basis.*	1 2 3 4 5
	(g) Hak saya untuk mengambil tindakan undang-undang sekira berlaku pelanggaran perjanjian pinjaman oleh pembiaya pinjaman. *My right to enforce legal action in the event of a breach of contract by loan provider.*	1 2 3 4 5

15. Sila nyatakan kepentingan perkara berikut menurut turutan (a) hingga (f):
Rank the following according to its importance from (a) to (f):

(a) (b) (c) (d) (e) (f)

paling penting
kurang penting
most important
least important

[ ] Reputasi bank / *Bank reputation*
[ ] Kadar faedah / *Interest rate/Profit Margin*
[ ] Jangka masa pinjaman / *Loan duration*
[ ] Margin pembiayaan / *Margin of financing*
[ ] Fleksibiliti pembayaran / *Payment flexibility*
[ ] Jumlah ansuran bulanan / *monthly installment amount*
[ ] Promosi / Promotions

Pendedahan Maklumat / *Information Disclosure*

	Sila nyatakan sejauhmana servis selepas jualan oleh pembiaya pinjaman perumahan memenuhi jangkaan anda. *Please indicate to what extent the* after sales service provided by the *loan lender met your expectation.*	***Below Expectations***	***Met some expectations***	***Met most expectations***	***Met all expectations***	***Exceeded expectations***
20.	Pembiaya pinjaman perumahan melayan setiap pertanyaan saya dengan pantas. *Housing loan provider attends to my queries promptly.*	1	2	3	4	5
21.	Staf jualan menyediakan informasi perumahan terkini kepada saya. *The sales staff provides the latest housing information to me.*	1	2	3	4	5
22.	Pembiaya pinjaman perumahan memaklumkan kepada saya tentang perubahan kadar pinjaman asas (BLR). *The housing loan provider notified me about the changes of base lending rate (BLR).*	1	2	3	4	5
23.	Pembiaya pinjaman perumahan memaklumkan kepada saya tentang ansuran bulanan yang telah disemak apabila kadar faedah berubah. *The housing loan provider notified me about the revised monthly installment when the interest rate changes.*	1	2	3	4	5

24.	Pembiaya pinjaman perumahan mengakui menerima ansuran bayaran balik bulanan saya. *The housing loan provider acknowledged receipt of my monthly repayment.*	1 2 3 4 5
25.	Pembiaya pinjaman perumahan memberi khidmat rundingan kepada saya apabila terdapat isu-isu berkaitan pembayaran balik pinjaman. *The housing loan provider provides consultation to me when I encounter repayment issue.*	1 2 3 4 5

Servis Selepas Jualan / *After Sales Service*

Section III : Background and Demographic Information of Respondents/
Latar belakang dan Maklumat Demografi Responden

Sila tandakan (√) bagi jawapan yang bersesuaian atau isikan ruangan kosong jika berkaitan.
Please tick (√) the appropriate answer or fill in the blank where necessary.

Jantina / *Gender*

- 1 Lelaki / *Male*
- 2 Perempuan / *Female*

Bangsa / *Race*

- 1 Melayu / *Malay*
- 2 Cina / *Chinese*
- 3 India / *Indian*
- 4 Lain-lain / *Others*

Status perkahwinan / *Marital status*

- 1 Bujang / *Single*
- 2 Berkahwin / *Married*
- 3 Bercerai / *Divorced*

Kumpulan Umur / *Age group*

- 1 Di bawah 25 tahun / *Below 25 years old*
- 2 25 hingga 35 tahun / *26 to 35years old*
- 3 36 hingga 45 tahun / *36 to 45 years old*
- 4 46 hingga 55 tahun / *46 to 55 years old*
- 5 Melebihi 55 tahun / *More than 55 years old*

Tahap Pendidikan / *Education Level*

- 1 Pendidikan rendah / *Primary education*
- 2 Pendidikan Menengah / *Secondary education*
- 3 *College / Polytechnics / Institute*
- 4 Pendidikan Tinggi / *Tertiary Education*

Pekerjaan / *Occupation*

- 1 Eksekutif / *Executive*
- 2 Pengurusan pertengahan / *Middle Management*
- 3 Pengurusan atasan / *Top management*
- 4 Bekerja sendiri / *Self-employed*

Pendapatan bulanan / *Monthly income*

- 1 Kurang daripada RM 1,000 / *Below RM1,000*
- 2 RM1,001 - RM2,000
- 3 RM2.001 - RM3,000
- 4 RM3,001 - RM4,000
- 5 RM4,001 - RM5,000
- 6 RM5000 ke atas / *RM5,001 and above*

Terima kasih di atas kerjasama. Sumbangan anda amatlah dihargai
Thank you for your cooperation. Your contribution to this study is greatly appreciated.

Printed by Books on Demand GmbH, Norderstedt / Germany